한 달란트

한 달란트

지은이 | 박성현, 장현경
초판 발행 | 2021. 3. 24
4쇄 발행 | 2021. 11. 11
등록번호 | 제1988-000080호
등록된 곳 | 서울특별시 용산구 서빙고로 65길 38
발행처 | 사단법인 두란노서원
영업부 | 2078-3352   FAX | 080-749-3705
출판부 | 2078-3331

책값은 뒤표지에 있습니다.
ISBN 978-89-531-3984-8 03230

독자의 의견을 기다립니다.
tpress@duranno.com   www.duranno.com

이 책의 수익금은 전액 베들레헴 바이블컬리지 학생과
고든콘웰 신학대학원 남미 출신 신학생들의 장학금으로 쓰입니다.

두란노서원은 바울 사도가 3차 전도여행 때 에베소에서 성령 받은 제자들을 따로 세워 하나님의 말씀으로 양육하던 장소입니다. 사도행전 19장 8-20절의 정신에 따라 첫째 목회자를 돕는 사역과 평신도를 훈련시키는 사역, 둘째 세계선교(TIM)와 문서선교((단행본·잡지))사역, 셋째 예수문화 및 경배와 찬양 사역, 그리고 가정·상담 사역 등을 감당하고 있습니다. 1980년 12월 22일에 창립된 두란노서원은 주님 오실 때까지 이 사역들을 계속할 것입니다.

작은 자였기에 받아 누린
하나님의 큰 은혜

한
달란트

One Talent

박성현,
장현경 지음

두란노

CONTENTS

PART 3. 작은 자여서 누리는 기쁨

PART 4. 한 달란트의 기적을 맛보다

박성현 선교사님, 장현경 사모님의《한 달란트》는 이 땅에서 나그
네로 살아간다는 것이 무엇인지를 잘 알려 주는 책입니다. 특히 박
성현 선교사님은 어려서 한국을 떠나 파라과이로 이민을 가면서 이
민자라면 흔히 겪는 차별과 물질적·정신적 고통들을 말씀과 신앙
으로 이겨냈습니다. 또한 저자 부부는 이스라엘에서의 학업과 그
후 미국에서의 삶에서도 어느 한 곳 내 집이라 느낄 만한 곳 없이
살아왔습니다. 하나님의 음성을 듣고 그 음성에 반응하며 살아온
것이 이분들의 인생이었습니다. 철저한 하나님의 인도하심을 받으
며 살아온 두 분의 삶에 깊은 감명을 받습니다.

우리 모두는 이 세상에 나그네로 와 있는 사람들입니다. 성경이라
는 지도책과 성령님의 안내를 받아 이 나그네의 인생을 극대화하며
사는 것입니다. 이런 사실을 이 책을 통해 다시 한번 깨닫습니다.
이민자들에게 더욱 공감이 가는 책이라 여겨져 열방에 흩어져 사는
많은 디아스포라에게 이책을 추천합니다. 아울러 한국에서 하나님
의 인도하심을 받으며 살기 원하는 분들에게도 이 책을 적극 추천
합니다.

권준 시애틀 형제교회 담임목사

저자 부부의 삶은 그야말로 사막에서 강을 만드신 하나님을 바라보
는 인생입니다. 그들은 어떤 환경에서도 말씀을 놓지 않고 오직 믿
음으로 섰습니다. 불굴의 의지로 영혼 구원의 열정과 노숙자들을
향한 긍휼의 마음을 놓지 않았고, 소외된 팔레스타인인을 섬기며

그들과 복음 사이에서 균형 있는 학자요 땀 흘리는 현장의 선교사로 자리매김 했습니다. 그들의 생생한 사역 현장과 삶의 간증이 이 책에 고스란히 담겼습니다. 우리는 이 책을 통해 승리하시는 하나님을 경험하게 될 것입니다.

김명호 Impact World Tour Korea/YWAM Campaigns Korea 의장

저자 부부는 하나님의 말씀이 독자들의 마음 깊은 곳을 비추게 하는 탁월한 시각을 가지고 이 책을 썼습니다. 물론 성경 연구와 과학 분야에서 최고 학위를 취득한 박사요 학자여서 기대하는 면이 있겠지만, 두 분은 명확한 학문적 렌즈로 그 이상의 것을 이 책에 담았습니다.

저자 부부는 큰 난관들을 이기는 자로 살아왔습니다. 그럴 수 있었던 힘은 두 분이 먼저 예수 그리스도의 은혜와 자비로 이겼기 때문입니다. 이기는 자로 사는 두 분에게 있어 문학적 렌즈는 두 분 마음에 비친 하나님의 따뜻한 사랑의 빛을 증폭시킵니다. 이 책을 통해 많은 독자가 그 따뜻한 사랑의 빛을 경험하게 되기를 바랍니다.

In this book the Drs. Park & Jang bring an exceptional perspective that makes the Word of God illuminate the depths of readers' hearts. While you might expect this from a couple with the highest educational qualifications in their fields of Biblical studies and science, they provide much more than clear academic lenses. I know from personal experience that their academic lenses amplify the warm glow of God's love that radiates in their own hearts as overcomers – overcoming great challenges as they have been overcome by the grace and mercy of Jesus Christ.

데이비드 A. 커리 고든콘웰 신학대학원 부총장, 《빅 아이디어 예배》 저자

이 책은 "하나님을 보여 달라", "하나님이 누구신지 말해 달라"는 요구에 대한 살아 있는 답변서입니다. 동시에 예수님을 주님으로 모시는 어느 부부의 인격적인 신앙고백서입니다. 20여 년 전 보스턴에서 저자 부부와 가까이 교제하면서 그 삶을 들여다본 적이 있는데, 그때의 뜨거운 은혜와 감동이 이 책에 고스란히 실려 있어 기뻤습니다. 독자들 역시 이 책을 넘길 때마다 저자 부부의 삶에서 보석처럼 빛나고 있는 하나님의 인도하심을 눈으로 보고 손으로 만질 수 있습니다. 저자 부부의 삶을 접해 보면 복음적 지성과 영성으로 가는 곳마다 선한 영향력을 끼쳤던 아굴라와 브리스길라 부부를 떠올릴 것입니다. 자신들의 영역에서 학문적인 성취를 이루었음에도 아이처럼 순전한 마음으로 하나님만을 의지하며 낮은 걸음으로, 그러면서 너무도 뜨겁게 사명의 길을 걷는 저자들과 동행하고 싶은 간절함은 이 책의 특별한 선물입니다.

오정현 사랑의교회 담임목사

책을 읽을 때 가장 중요한 것은 저자가 누구인지 아는 것입니다. 나는 저자 부부를 잘 압니다. 박성현 선교사님은 우리 교회에서 말씀을 전했고, 장현경 사모님은 제 자녀를 포함한 주일학교 아이들을

가르쳤습니다. 그들과 동역하며 이스라엘 유학생으로서 그들이 직면했던 어려움을 어떻게 극복해 나가는지 지켜봤습니다. 그들이 올린 기도는 예루살렘에서 예수의 제자로 사는 유대인 공동체의 소중한 기억의 일부가 되었습니다.

비록 한국어로 읽을 수는 없지만, 저는 저자 부부의 간증과 그들의 이스라엘 및 한국에서 겪은 풍부한 경험, 그들을 향한 폭넓은 간증들을 익히 알고 있습니다. 이는 저자의 충실함과 겸손함, 탁월함과 신뢰성에 그 바탕을 두고 있는 것입니다. 이 책을 통해 더 많은 사람이 저자 부부의 이러한 탁월함을 접할 것이라 생각하니 너무나도 기쁩니다.

The first important thing in reading a book is to know who the author is. And I know Dr. Hyun Gyung Jang and her husband Dr. Seong Hyun Park. The challenges they faced as foreign students in Israel, the prayers they prayed, they are all part of the cherished memory of our congregation of Jewish disciples of Jesus in Jerusalem. Here Dr. Jang taught our children in the Sunday school, including my own. While I can't read in Korean, I know the testimony in the author, the rich experience and the wide range of personal witnesses imbued in the writer, both in Israel and in South Korea — faithfulness and humility, excellence and trustworthiness.

요셉 슐람 네티비아교회 설립 목사

1994년 2월, 온누리교회 하용조 목사님과 성도들은 이스라엘 성지 순례를 통해 박성현 선교사님을 만났습니다. 유다 광야, 베들레헴, 블레셋 유적지를 돌아보며 유물 발굴을 통해 익힌 생생한 경험을 토대로 한 박성현 선교사님의 가르침을 받았습니다. 성경을 몸소 체험할 수 있는 귀한 경험이었습니다. 그 후 28년 동안 저자 부부의 하나님과 동행한 긴 여정을 지켜봤습니다. 그 이야기가 이 책《한 달란트》의 아름다운 옷을 입고 세상에 전해진 것이 정말 기쁩니다. 한 달란트를 수많은 열매로 인도하신 하나님께 감사와 찬양을 올려 드립니다.

이일순 금단제 대표

지구 이쪽 끝에서 저쪽 끝을 오가며 한 사람을 도구로 만들어 가시는 주님의 손길과 지혜가 놀랍기만 합니다. 오직 주님께 소망을 두고 인내를 완성했을 때 주님은 우리를 온전한 사람으로 만들어 가십니다. 우리는 이 책을 통해 그 증거를 생생하게 목격할 수 있습니다.

하나님은 저자 박성현 선교사님을 서울에서 파라과이, 이스라엘을 거쳐 하버드대학교 박사의 자리로 끌고 오시면서 상처와 아픔으로부터 어루만지시고 온전하게 하셨습니다. 그리고 스페인어, 포르투갈어, 프랑스어, 영어를 습득함으로 다양한 민족을 사역자로 교육하는 신학대학 학장으로 세우셔서 이 땅에서 하나님의 영역을 확장하는 도구로 사용하십니다. 그 손길이 그야말로 경이롭습니다. 고통의 코로나 시대를 감당하는 우리에게 하나님은 선물과 같이 저자 부부를 우리에게 보내 주셨습니다. 우리는 혼자 걷고 있지 않았습니다. 이 책이 그 사실을 알게 합니다.

조명환 한국 월드비전 회장

원고를 받고 빨려 들어가는 듯한 기분으로 단숨에 끝까지 읽었습니다. 파라과이에서 청소년기를 보낸 박성현 선교사님과 스웨덴과 독일에서 유학하던 장현경 사모님이 이스라엘에서 만나 결혼 후 미국에 이르기까지 두 분의 기적 같은 인생 이야기는 감동 그 자체입니다. 히브리어와 헬라어를 유창하게 구사하며 이스라엘과 로마 제국 전역을 누볐던 초대교회 바울 사도나 빌립 집사가 사도행전 밖으로 뛰쳐나와 21세기 세상을 걸어 다니는 듯한 느낌입니다. 저자 부부는 언어와 문화의 장벽을 오히려 새로운 도전의 기회로 승화시키며 하나님의 말씀을 붙잡고 거침없이 전진합니다. 이스라엘과 열방을 향한 이 부부의 뜨거운 열정이 우리 모두의 잠자는 영성에 시원한 폭포수 같은 충격을 줄 것이라 믿어 의심치 않습니다.

한홍 새로운교회 담임목사

/ 가나다 순

13

작고 약한 자였기에 받아 누린 하나님의 은혜

"도대체 저자 부부의 주된 사역이 뭡니까?"

지난 9월 초고를 마무리하고 들었던 피드백이다. 정말 정확하게 맞는 말이다. 우리는 주된 사역이 없다. 그저 작은 자와 함께하며 복음을 전하는 지극히 작은 자일 뿐이다. 나는 한국어, 스페인어, 영어, 히브리어, 포르투갈어 다섯 개의 언어권을 넘나들며, 나처럼 연약하고 작은 자와 함께하며 복음을 전하라는 하나님의 거룩한 부르심의 소명에 반응해 왔다. 그 여정은 아내를 만나 가정을 이루게 했다. 하나님께서는 우리 삶에 여실히 나타나셨다.

이국 땅 파라과이에서, 대학 진학이라고는 꿈도 꿀 수 없는 환경에서 하나님께서는 그분이 하셨다는 것을 어느 누구도 부인할 수 없도록 약하고 능력 없는 나를 신학교 교수로 세우셨다. 또 나처럼 연약한 가운데 하나님의 일하심을 목도한 사람들을 발굴하는 도구로 우리를 사용해 주셨다. 총성이 난무하는 베들레헴에서 4시간 동안 나를 기다려 준 신실한 베들레헴 바이블컬리지(Bethlehem Bible College)의 팔레스타인 학생들, 예수를 메시아로 섬긴다는 이유 때문에 가족과 동족 유대인들로부터 온갖 무시와 멸시를 받으며 고통 속에 지내는 사랑하는 네티비아교회 식구들, 일당을 모두 감사헌금으로 드린 귀한 남미 출신 교인들, 그리고 토요일 아웃리치 때마다 우리 가족을 위해 기도해 주는 보스턴 커먼공원의 노숙자 친구들.

시시때때로 이들보다 작은 자였던 우리는 지나고 보니 한 달란트를 받아 살아 왔다. 왜 한 달란트일까 싶고, 때로는 차라리 땅에 묻어 두고 싶다는 생각이 들 때도 있었다. 그러나 주님은 그때마다 말씀을 통해 우리를 가르쳐 주셨다. 달란트의 개수가 중요한 것이 아니라 누가 그 달란트의 주인이신지가 핵심이었다.

우리가 비록 연약할지라도 결실할 수 있는 이유는 한 달란트의 주인이 바로 예수님이시기 때문이다. 정말 하나님은 허물 많은 우리를 선대하셨다. 우리 부부는 그 사랑에 감사하며 이 책을 함께 준비했다. 약한 자였기에 받아 누린 하나님의 은혜, 작은 자였기에 만나고 함께할 수 있었던 이웃들, 그래서 귀한 하나님의 이야기를 나눌 수 있음에 깊은 감사를 드린다.

이 책이 나올 수 있도록 수고를 아끼지 않은 두란노서원의 여러 관계자들께 진심으로 감사를 드린다. 또 부족한 우리 두 사람의 글을 읽고 추천사를 써 주신 모든 분들께 깊은 감사를 전한다. 우리가 이웃 섬기기를 조금이나마 감당할 수 있은 것은 먼저 우리를 섬겨 주신 양가 부모님과 형제들 그리고 믿음의 식구들의 기도와 사랑의 손길이 있었기 때문임을 고백한다. 끝으로 어려서부터 엄마 아빠와 함께 노숙자 사역의 훌륭한 동역자로 섬기고 있는 다니엘과 매튜에게도 감사를 전한다.

2021년 3월 보스턴에서
박성현, 장현경

PART

1.

주님, 어찌할 바를 모르겠습니다

너희는 내가 사로잡혀 가게 한 그 성읍의 평안을 구하고 그를
위하여 여호와께 기도하라 이는 그 성읍이 평안함으로 너희도
평안할 것임이라 렘29:7

⸗ 강의할 수 있을까

2015년 10월 12일, 고든콘웰 신학대학원(Gordon-Conwell Theological
Seminary)의 프로그램 중 하나인 남미 교역자 재교육을 위해 보스
턴을 떠났다. 니카라과, 엘살바도르, 온두라스, 코스타리카, 파나
마, 과테말라, 쿠바, 도미니카공화국 지역의 교역자들에게 구약
학 개론을 일주일 동안 강의하는 일정이었다.

온두라스로 떠나며 나는 예레미야 29장 7절 말씀을 묵상했
다. 이 구절은 보스턴의 평안을 위해 아내와 내가 자주 묵상하며
기도했던 성경 구절이다. 이번에는 온두라스의 평안을 위해 기
도했다. 그 사이, 온두라스의 수도 테구시갈파의 톤콘틴 국제공
항(Toncontin International Airport)에 도착했다.

트럭을 타고 북쪽으로 약 10킬로미터 정도 이동해 교단 수련회관에 도착했다. 미국 남부에 뿌리를 둔 이 오순절 계통의 교단은 특히 남미와 아프리카에 많은 교회를 세웠는데 나는 그 교단의 남미 지역 책임자들을 교육하기 위해 한 주간 방문하게 된 것이었다. 스물 여섯 명의 수강생들은 남미 각국에서 모인 목회자들로서 각각 적게는 30여 개, 많게는 600여 개의 교회를 감독하는 책임자들이었다.

공항 건물을 나서면서부터 굉장히 많은 비가 오고 있었다. 수련회관에 마련된 숙소에 들어서니 이걸 어쩌면 좋은가 싶었다. 수련회관 건물의 지붕은 양철로 만들어진 것이었다. 쏟아지는 비가 양철을 두드리며 소음을 내고 있었다. 그 소리가 얼마나 요란한지 방 안에 있으면 마구 쳐대는 드럼 세트 한가운데 머리를 박고 있는 듯했다. 밖으로 나와 다른 건물도 살펴보니 대부분 시설이 단층건물에 양철 지붕을 하고 있었다.

가장 중요한 강의실에도 가 보았다. 면적만 봐서는 천여 명은 문제없이 수용할 만큼 실내가 넓었다. 문제는 양철 지붕이었다. 전쟁터가 그러할까. 강의실 안은 바로 얼굴을 맞대고 소리를 높여 말해도 도통 알아들을 수가 없었다.

양철 지붕 빗소리

나는 강의실에서 나와 스태프에게 물었다.

"언제쯤 비가 그칠까요?"

"알 수 없지요. 지난 2년간 비가 오지 않아 농사를 지어야 하는 서민들이 힘든 시간을 보냈는데, 드디어 하나님이 비를 내려주시네요. 한 달간 비가 그치지 않고 있습니다. 덕분에 서민들이 죽지 않고 살게 되었으니 얼마나 큰 축복입니까?"

스태프는 이렇게 말하며 흐뭇하게 웃었다. 당장 강의가 걱정이었던 나는 감사를 할 수도, 그렇다고 안할 수도 없는 착잡한 심정이었다.

나는 스태프에게 강의장에 마이크 시설이 되어 있는지 재차 물었다. 스태프는 있기는 하지만 이런 상황에서는 별 소용이 없을 거라고 말했다. 그럼 다른 시설은 없는지 물었다. 함께 식사를 준비하고 먹는 공간이 있지만 강의를 하기에는 부적절할 거라고 했다. 그의 말처럼 저녁이 되어 식사를 하러 가 보니 그저 요리하고 음식을 받을 수 있는 공간에 지나지 않았다.

참으로 난감했다. 수강생들은 여러 남미 국가들에서 이 강의를 수강하기 위해 큰 경비를 지출하고 와 있고, 당장 다음 날부터 5일간 오전 8시부터 오후 4시까지 집중 강의를 해야 하는데 소리를 전혀 전달할 수 없으니 속수무책이었다. 현지 책임자에게 어떻게 하면 좋을지를 물었다. 그의 대답이 참 편했다.

"기다려 보면 되지 않겠습니까? 혹시 비가 그칠지도 모르잖아요."

숙소로 돌아오니 빗소리에 고막이 흔들리는 듯한 기분이었다. 과연 잠은 잘 수 있을지 모를 지경이었다. 다른 때 같으면 그 시

한 달란트

간 나는 다음 날 강의 내용을 점검하고 있었을 것이다. 또 그러다 늦게 잠이 들기도 했을 것이다. 그러나 그날은 그럴 수가 없었다. 나는 어찌할 방도를 모르겠으니 하나님이 우리에게 해결책을 주시기를 기도했다.

이미 아침이었다. 얼마를 기도했는지 모르지만, 눈을 떴을 때 나는 그제야 내가 잠이 들었다는 것을 알았다. 혹시나 했는데 양철 지붕에서는 여전히 드럼을 치듯 빗소리가 정신없이 났다. 내가 할 수 있는 유일한 것은 기도였는데, 이미 했다. 그럼에도 불구하고 비는 계속 오고 있었다. 다급한 마음을 일단 접고 7시 아침 식사 시간에 맞춰 주방으로 향했다. 그곳에서 전날 미처 만나지 못했던 수강생들과 인사를 나눈 뒤 함께 기도했다. 하나님께서 수업이 가능하도록 길을 열어 주시기를….

오전 8시, 비가 그치다

8시가 다 되어 숙소에 잠시 들러 강의 도구를 챙겨 밖으로 나서는데 거짓말처럼 비가 그쳤다. 약속된 장소에 도착하니 다들 모여 나를 기다리고 있었다. 수강생들에게 지역 특성상 혹 이렇게 잠깐씩 비가 멈추기도 하느냐 물었더니 거의 그러지 않았다고 대답했다. 그렇다면 혹시나 비가 다시 올지 모르니 기회가 주어졌을 때 놓치지 말고 강의를 진행해 보기로 했다. 말소리가 제대로 들리니 정말 살 것 같았다.

그렇게 강의를 시작해 첫 시간이 지나갔다. 아직 비가 그친 채

였고 다시 오지 않았다. 두 번째 시간이 지나고, 12시 점심시간
이 되어서도 비는 오지 않았다. 우리는 서둘러 점심을 먹고 빨리
돌아와 강의를 재개했다.

오후 강의가 시작되었다. 우리는 계속 시계를 보며 학습을 이
어 갔다. 한 시간이 지나고, 다시 한 시간이 지나고, 마침내 4시
가 거의 다 되었다. 아직도 비는 내리지 않았다. 우리는 의견을
모았다. 내일 다시 강의를 진행할 수 있을지 없을지 모르는 상황
이니 아예 밤까지 계속 몰아 강의를 진행하면 어떻겠느냐 물었
다. 수강생 전원이 동의했고, 나는 수업을 이어가고자 입을 떼었
다. 그런데 느닷없이 비가 쏟아지기 시작했다. 순식간에 빗소리
가 다른 모든 소리를 집어 삼키자 우리는 하는 수 없이 수업을
멈췄다. 나는 화이트보드에 적었다.

"내일 아침 8시에 다시 모일 것. 강의가 가능하도록 계속 기도
할 것."

방에 돌아가 그날 일을 곰곰이 생각해 보았다. 우연이었을까?
그곳에는 인터넷 접속이 거의 안 되다시피 했기 때문에 메일이
나 메시지를 주고받을 수는 없었지만, 그 시간에 일을 하면서도
나와 학생들을 위해 쉬지 않고 기도하고 있을 아내가 생각났다.
또 나를 위해 기도하고 있을 스무 명의 고든콘웰 학생들이 떠올
랐다. 나는 그 당시 가을학기 개설 과목으로 고든콘웰 보스턴 캠
퍼스에서 히브리 내러티브 주석학(Exegesis of Hebrew Narrative)을 가르
치고 있었다. 수업이 없는 중간고사 준비 주간(reading week)을 이용

한 달란트

해 온두라스로 강의하러 간다고 하자 학생들은 당시 온두라스의 치안 문제가 심각하다는 뉴스를 접했다며 수업 중간에 나를 위해 함께 기도해 주었다. 내가 온두라스에 가 있는 동안에도 계속 기도하겠다고 했다.

그날 밤, 아내와 학생들의 중보기도가 하늘 보좌에 계속 올라가고 있음을 확신했다. 나는 그날 감사기도를 드리고 잠을 청할 수 있었다. 양철 지붕을 내리치는 빗소리는 여전히 요란했다.

다음 날 아침, 계속 쏟아지는 비를 보며 아침 식사를 했다. 방으로 돌아와 강의 준비물을 챙겨 강의장으로 향했다. 오전 8시, 다시 비가 그쳤다. 수강생들과 나는 놀라움을 감출 수 없었다. 그런데 아직 하나님이 비를 멈춰 주셨나 보다는 말을 하는 사람은 아무도 없었다. 언제 또 쏟아질지 모른다는 불안감을 떨칠 수 없었던 것이다. 사실 나도 그랬다.

전날 그랬던 것처럼, 다시 우리는 최대한 많은 양의 내용을 다루기로 하고 수업에 임했다. 한 시간이 지나고, 또 한 시간이 흘러 점심 때가 되었다. 비는 내리지 않았다. 그러나 우리는 전날과 마찬가지로 최대한 빨리 식사를 마치고 돌아와 바로 오후 수업을 진행했다. 어느덧 마칠 시간이 되었다. 설마 했는데 아니나 다를까, 4시가 되자 귀청이 떨어질 만큼 요란한 소리를 내며 비가 쏟아지기 시작했다.

3일째 오전 8시에 비가 그친 것을 보면서 비로소 나와 학생들은 이 놀라운 현상에 대해 이야기 나누기 시작했다. 정말 하나님이 비를 주관하고 계시는 걸까. 그날 오전 우리는 신명기를 다루었는데, 한 구절이 눈에 들어왔다.

여호와께서 너희의 땅에 이른 비, 늦은 비를 적당한 때에 내리시리니 너희가 곡식과 포도주와 기름을 얻을 것이요 신11:14

그곳에 모인 우리에게 '적당한 때'가 가지는 의미는 이러했다. 농부들의 농사를 위해 계속 비가 와야 하는 때와 사역자들의 학업을 위해 비가 멎어야 하는 때였다. 점심시간에도 학생들은 더 이상 서두르지 않았다. 그리고 오후 4시, 우리는 쏟아지기 시작하는 비를 당연하게 여기며 숙소로 향했다.

돌아보면 아찔했던 순간들

목요일이 되었다. 역시 아침이 되니 비는 그쳤다. 나는 구약개관을 가르칠 때 항상 학생들과 함께 그 도시의 역사를 접할 수 있는 장소를 견학한다. 견학을 통해 구약의 포로기와 그 이후에 주어진 책들이 근-현대의 그 땅에 주는 메시지가 무엇인지 생각해 보기 위해서다. 그날 오후에 우리는 테구시갈파에 위치한 국가정체성박물관(Museo para la Identidad Nacional)을 견학하기로 했다.

박물관 견학을 하면서 수강생 모두가 눈여겨보았던 것은 근대사관에 전시되었던 온두라스의 부채와 관련된 역사 자료들이었다. 1821년과 1838년 두 차례에 걸쳐 독립을 선언한 온두라스는 그 후 수백 번의 내란과 여러 차례의 정권 교체를 거쳤다. 그러면서 '바나나 공화국'(바나나와 같이 한정된 1차 산업의 수출에 절대적으로 의지해 주로 미국 등의 외국 자본에 제어 받으며 부패한 독재자와 그 수하가 정권을 장악하고 있는, 정치적으로 불안한 나라를 일컫는 말)으로 전락했다. 채권 국가들의 은행과 기업에 종속되어 또 다른 형태의 식민지화가 빚어지는 과정을 살펴보았다.

온두라스 출신 목회자들은 박물관을 방문하기 전까지도 나라 부채에 대한 구체적 내용을 전혀 듣지도, 알지도 못했다며 충격을 금하지 못했다. 나라의 근대사를 그날처럼 일목요연하게 정리한 자료를 처음 접했다며, 나라와 국민들을 생각할 때 마음이 아프다고 침통해했다.

우리 모두는 예레미야 29장 7절 말씀을 따라 테구시갈파의 평안을 구하는 마음으로 하나님께 간구하며 땅 밟기 기도를 했다.

> 너희는 내가 사로잡혀 가게 한 그 성읍의 평안을 구하고 그를 위하여 여호와께 기도하라 이는 그 성읍이 평안함으로 너희도 평안할 것임이라 렘29:7

박물관에서 접한 내용들이 계속 생각에서 떠나지 않았다. 걷고, 기도하고, 기독교 서점에서 학생들과 함께 책을 고르고, 또 도시를 축복하며 걸어 주차장까지 빠져나오니 시간이 많이 지났다. 그날도 4시에 비가 쏟아지는 것은 아닐까 걱정스러웠다. 우리는 픽업 트럭 다섯 대에 나눠 타고 이동했는데, 인원의 절반 이상이 덮개 없는 짐칸에 타야 했다. 만약 비가 쏟아지면 사람들이 그 비를 다 맞아야 했기 때문에 걱정이 되었다.

그러나 우리가 우려했던 상황은 벌어지지 않았다. 내가 가장 늦게 출발한 트럭 짐칸에 탔는데 수련회관 정문에 이르렀을 때 비로소 비가 쏟아지기 시작했고, 그 시각은 오후 6시였다. 하나님께서는 사랑하는 자녀를 이렇게 선대하여 주셨다.

다음 날 금요일 마지막 수업을 마치고 나는 학생들의 진심어린 인사와 배웅을 받으며 보스턴으로 향하는 비행기에 올랐다. 비행기에 오르자마자, 마침 그날 신문이 비치되어 있어서 훑어보았다. 전면에 실린 기사 제목이 심상치 않았다.

"경찰, 온두라스 수도에서 중무장 범죄 조직 단원들을 잡다."

내용을 보니 목요일, 온두라스의 경찰과 특수부대 등 네 관계 기관이 합동으로 갱 조직인 '빤딜야 18'의 소탕전을 벌였다는 것이다. 그 결과로 조직원 열다섯 명을 체포할 수 있었고 다양한 구경의 박격포 50여 대를 포함한 상당량의 군무기를 압수하기에 이르렀다. 그런데 그 소탕전이 목요일 오후 테구시갈파 시내 세 곳에서 벌어졌다는 것이다. 남미 다국적 범죄 조직인 이들은 그 주말 토요일에 수도 테구시갈파에서 대량 학살을 벌이려고 계획 중이었다고 했다.

그 순간 나는 머리칼이 곤두서며 아찔했다. 바로 어제, 목요일 오후에 나와 학생들은 테구시갈파 시내에 있었다. 범죄 조직

소탕작전이 벌어졌다는 그곳에 말이다. 박물관에서 우리는 온두라스의 힘들었던 역사와 오늘의 아픔에 대해 조금이나마 배울 수 있었고 그것을 토대로 시내 여러 곳을 발로 밟으며 테구시갈파와 온두라스의 평안을 위해 기도했다. 그런데 같은 시간, 같은 시내의 세 곳에서는 중무장을 한 범죄 조직과 온두라스 군-경 사이에 소탕전이 벌어지고 있었던 것이다. 특히 15년 만에 가장 큰 성과를 거둔 작전이었다는 보도 내용이었는데, 이기적이긴 하지만 나는 오직 내가 책임진 학생들이 안전했다는 것이 몸떨리도록 놀랍고 감사할 뿐이었다.

보스턴으로 돌아오는 비행 시간 내내 나는 하나님의 선대하심에 대한 감사기도를 쉴 수가 없었다.

ᐦ 수많은 생명을 살린 중보기도

보스턴으로 돌아와 월요일에 출근을 했다. 한 학생이 오전 이른 시간에 내 사무실 문을 두드렸다. 그녀는 그 학기 고든콘웰 보스턴 캠퍼스에서 나에게 히브리 내러티브 주석학 과목을 듣는 브라질 출신의 수강생이었다. 60대 중반인 그녀는 남편과 함께 보스턴 인근에 개척한 교회를 공동으로 목회하고 있었다. 또 내가 학생들에게 온두라스를 다녀온다고 알렸을 때 수업 중간에 수강생 모두를 동원해 나를 위해 기도했던 최고령 수강생이었다.

그녀는 내게 잘 다녀왔는지 안부와 함께 이렇게 물었다.

"교수님, 지난 목요일에 무슨 일이 있었나요?"

"그걸 어떻게 알았나요?"

"그날 새벽 꿈에서 누가 제게 '박성현 교수와 그의 학생들을 위해 중보하라'고 말하는 소리를 듣고 놀라서 깼습니다. 그 바람에 남편도 잠을 깼는데 꿈 얘기를 했더니 남편이 심상치 않은 것 같다며 함께 금식하자고 해서, 그날 우리 부부가 온종일 금식하며 교수님과 학생들을 위해 기도했습니다."

그 말을 들으며 나는 "그랬구나!"를 수없이 되뇌었다. 10월 16일 목요일 오후, 나와 학생들이 안전할 수 있었던 것은 결코 우연이 아니었다. 그 안전은 나의 아내와 아들들, 어머니와 동생, 장모님과 형제들, 나와 학생들을 위해 기도를 쉬지 않는 수많은 생명을 살린 중보기도 덕분이었다. 그리고 그 한가운데, 교수를 위해 금식하며 기도한 학생이 있었다. 생각해 보니 하나님은 예레미야 29장 7절의 기도를 들어주신 것이었다.

그날 우리는 테구시갈파의 평안을 위해 기도했다. 그곳은 예레미야 29장 7절의 말씀대로 평안했다.

하나님은 우리에게 이른 비와 늦은 비를 적당한 때에 주신다.

사랑하는 자녀를 선대해 주신다.

2.   예수님이 작은 자들로 변장하고 오신 것은 아닐까

모든 성도 중에 지극히 작은 자보다 더 작은 나에게 이 은혜
를 주신 것은 측량할 수 없는 그리스도의 풍성함을 이방인에
게 전하게 하시고 영원부터 만물을 창조하신 하나님 속에 감
추어졌던 비밀의 경륜이 어떠한 것을 드러내게 하려 하심이라
엡 3:8-9

100달러로 시작한 미국 생활

남편이 하버드대학교(Harvard University)에서 공부를 시작하기 위
해 미국으로 떠났을 무렵, 나는 예루살렘 히브리대학교(Hebrew
University of Jerusalem) 약학대학에서 심장병 약 합성에 대한 연구로
박사학위를 받았다. 그리고 남편과 합류하기 위해 미국 대학의
박사후 과정을 알아보며 백여 곳에 이력서를 냈다. 그러나 6개
월이 지나도록 한군데에서도 연락을 받지 못했다. 실로 실망에
실망이 거듭되었던 나날이었다.

지도교수는 내가 미국으로 가는 것을 원치 않았다. 그러면서

자신이 심장병 제약회사를 세울 생각이니 나에게 도와 달라며 이스라엘에 체류할 것을 제안하였다. 이스라엘 영주권도 발급해 줄 수 있다고 했다. 정말 달콤한 제안이었지만, 하나님이 꾸리신 가정이 장기간 떨어져 지내는 것은 하나님의 뜻이 아니라는 확신이 들었다.

결국 나는 이력서를 낸 어디에서도 연락을 받지 못했지만 어떻게든 문이 열릴 것이라는 믿음으로 이스라엘 생활을 정리하고 미국으로 떠났다. 미국에 도착하고 일주일 후에, 아는 분의 소개로 매사추세츠공과대학교(Massachusetts Institute of Technology; MIT) 생체 생물공학 연구소(Bioengineering Department)에 박사후 과정 결원이 있다는 정보를 접했다. 그곳에 원서 지원을 했고, 인터뷰에 통과하여 우여곡절 끝에 꿈에 그리던 MIT에서 박사후 과정 연구원으로 일하게 되었다. 그렇게 우리 가족은 하나님께서 허락하신 보스턴에서의 생활을 시작하였다. 예루살렘의 보스턴 기숙사에서 지낼 때 하나님은 앞으로 진짜 보스턴에서 지내게 될 것이라고 말씀하셨는데, 그 음성 그대로 응답을 받았다.

하나님의 세밀하신 기도 응답은 미국에 오기 전부터 쉬지 않고 이어지고 있었다. 이스라엘에서 미국에 오려는 비행기표를 구하려고 하니 돈이 여의치 않았다. 대륙을 건너는 이사 비용도 만만치 않았고, 남편과 큰아들 다니엘의 비행기표를 사고 나니 재정이 바닥났던 것이다. 그래서 나는 남편과 다니엘을 한 달 먼저 미국으로 떠나보내고 이스라엘에 남아서 하나님의 도우심을 구했다. 우리 가족은 비록 몸은 떨어져 있었지만 마음만은 하나였다. 이 일을 위해 온 가족이 3일 금식 기도로 하나님의 손길을 간절히 구했다.

그런데 금식 기도 마지막 날, 히브리대학교 행정실에서 연락이 왔다. 조교 신분으로 납부했던 노후 국민연금을 일시불로 돌려주겠으니 수령해 가라는 내용이었다. 나는 박사과정 기간 동안 히브리대학교에서 연구, 교육 조교로 근무했다. 히브리대학교는 이스라엘 국립대학이기에 모든 조교는 국가 소속 공무원이다. 다른 여느 유럽국과 마찬가지로 이스라엘 공무원은 혜택도 많고 노후 연금 보장이 아주 잘 되어 있다. 그래서 모든 공무원은 월급의 일정부분을 떼어 노후 국민 연금을 납입한다. 나도 마찬가지였다. 그런데 그 돈을 돌려주겠다는 것이었다. 생각지도 못한 곳에서 물고가 트였다. 지도교수한테 이야기하니 내가 환불신청을 한 것도 아닌데 그런 연락이 먼저 오는 경우는 흔치 않다고 했다. 설령 내가 환불 신청을 했더라도 수령까지는 1년 정도의 시간이 걸리는 것이 보통이란다. 그런데 이렇게 빨리 돈을 수령하는 것은 특별한 경우라며 고개를 갸웃거렸다.

이유야 어찌됐든 나는 너무 기뻤다. 돈을 수령하고 보니 1,500달러였다. 딱 미국행 비행기표를 살 수 있는 금액이었다. 하나님께서는 이렇게 우리 기도에 오묘한 방법으로 응답하여 주셨다. 어느 하나도 그냥 넘어가는 것이 없었다. 모든 일을 하나님께 묻고 인도받는, 하나님과의 치열한 개인 레슨의 연속이었다.

미국으로 떠나기에 앞서 나는 친구 K를 만났다. 작별인사를 하기 위해서였다. 그 자리에서 K는 이별 선물이라며 100달러를 준비해 주었다. 그 100달러가 내가 미국에 가지고 온 돈의 전부였다.

두 번의 환승과 오랜 비행 끝에 도착한 보스턴은 낯선 땅 그 자체였다. 광야를 아주 좋아하는 나는 보스턴의 푸르름이 눈에 익지 않았다. 나는 곧바로 가족들 식사 준비를 위해 마켓에 가서 장을 보았다. 이것저것 식사 준비와 함께 부엌에 필요한 것을 사고 80달러를 지불했다. 친구가 준 100달러에서 20달러가 남았다. 이 20달러가 이제부터 우리 세 식구의 생활비였다. 이렇게 우리 가족의 미국 광야 생활의 서문이 열렸다.

노숙자도 주님의 지체요 함께 기도할 동역자이기에

보스턴에 도착하고 일주일 후, 그곳의 대표 지역 신문을 구입해서 보는데 1면 특집 기사를 보고 정말 놀랐다. 노숙자들에 관한 심층 취재 기사였다. 미국은 세계적으로도 부유한 나라가 아니던가. 마약중독, 알코올중독은 있을 수 있다고 생각했는데, 노숙자가 웬 말인가 싶었다. 나중에 안 사실이지만 미국에는 직업을 잃고 주변의 도움을 받지 못하여 노숙자가 된 사람이 꽤 많았다. 전체적으로 높은 생활비가 요구되는 도시의 특성 때문이기도 했던 듯싶다.

그런데 지금 우리 수중에 있는 생활비는 고작 20달러에 불과

했다. 사실 우리 처지가 노숙자들과 큰 차이가 없었다. 그날 저녁 가정 예배를 드리며, 신문에서 봤던 노숙자들을 위해 기도했다. 그때 하나님께서 우리에게 이 미국 땅에서의 소명을 주셨다. 우리도 비록 가진 것이 없었지만, 그들과 친구가 되어 함께 나누기로 다짐했다.

다니엘이 학교에 잘 적응하고, 나도 박사후 과정을 시작하면서 어느 정도 생활이 안정되었다. 우리 가족은 보스턴 레스큐 미션(Boston Rescue Mission)이라는 단체에 노숙자 자원봉사를 신청했다. 이를 통해 우리 가족과 노숙자와의 사귐이 시작되었다. 주일 저녁 150명 분 정도의 식사를 준비해 배식하고, 식사 테이블에서 함께 교제하는 것이 노숙자 사역의 시작이었다.

처음 노숙자 사역은 우리 세 식구가 참여했는데, 2002년에 둘째 매튜가 태어나고 난 후에는 네 식구가 노숙자들을 섬겼다. 큰아이는 여섯 살, 작은아이는 두 살 때부터 노숙자 사역에 참여했다. 작은아이는 그 어린 나이에 노숙자들 사이에서 마스코트 같은 역할을 잘 감당해 주었다. 노숙자들은 두 살짜리 어린 아이를 보며 꽤나 즐거워했다. 그들과 함께한 식탁에서 밥을 먹으며 작은아이는 노숙자 누구보다도 더 맛있게 밥을 먹었다. 이러한 경험으로 우리 아이들은 어렸을 때부터 자연스럽게 노숙자들과 어울릴 수 있었다.

주일 저녁 노숙자 식사 봉사를 7년 정도 하고 나서, 우리는 보스턴 레스큐 미션에서 주관하는 '토요일 아웃리치'라는 프로그램을 알게 되었다. 토요일 아웃리치는 보스턴 커먼공원에서 토요일 아침마다 노숙자들에게 식사를 나누어주고 함께 교제하고 기도하며 복음을 전하는 프로그램이었다. 우리는 이 프로그램에 자원봉사자로 등록하여 노숙자들을 섬겼다.

하나님께서는 우리에게 귀한 동역자들을 많이 붙여 주셨다. 많은 이들이 우리와 뜻을 함께하여 귀한 주말 시간을 내어 주었고, 소중한 물질도 함께 나누어주었다. 그중에는 C 박사님 내외도 있다. 그들은 5년째 추운 겨울에도 열 살, 열두 살 두 아들과 함께 매주 토요일 지하철을 타고 빠짐없이 나와 봉사하고 있다. 이분들에게 감사의 마음을 전한다.

우리는 아침 식사와 더불어 전도용 소책자와 영어 성경을 준비하여 노숙자들을 만났다. 시작한 지 6개월 정도 후에는 보스턴 커먼공원에 나오는 노숙자들의 국적과 사용하는 언어별로 성경을 준비하였다. 스페인어, 아이티 크레올을 위한 프랑스어, 포르투갈어, 중국어, 영어로 준비하였다. 그리고 그들에게 필요한 물품을 준비했다. 물어보니 양말, 속옷, 세면도구, 겨울에는 모자, 목도리, 장갑, 외투 등이 필요하다고 하였다. 성경과 전도용 소책자는 기독교 서점에서 구입하고, 속옷과 겨울 용품 등 잡화는 L.A.에 도매를 취급하는 자바(Jobber) 시장이라는 곳에 대량으로 우편 주문하여 소포로 받았다.

그리고 '배식 팀'과 '기도 팀'을 구성하여 섬겼다. 기도 팀은 두 명씩 짝을 지어 가방에 세면도구, 성경, 속옷, 양말, 모자, 장갑 등을 가지고 다니면서 그들과 교제하며 함께 기도했다. 기도 팀은 그들에게 다가가서 교제를 시작할 때 우리는 "How can I pray for you?"(내가 당신을 위해 어떻게 기도할까요?)라고 물어보지 않고 "How can I pray with you?"(내가 당신과 함께 어떻게 기도할까요?)라고 질문했다. 왜냐하면 그들이나 우리나 용서받은 죄인, 한 지체인 성도였기 때문이다. 우리는 기도도 함께해야 한다고 생각했다. 기도할 때는 우리를 위해 축복해 주고 중보해 줄 것을 요청하기도 했다.

토요일 아웃리치를 준비할 때는 가장 먼저 함께할 팀원들에게 중보기도를 요청했다. 그리고 전날 저녁에 우리 부부가 먼저 보스턴 커먼공원에 가서 땅 밟기 기도를 했다. 집에 돌아와서는 기도하며 다음 날 노숙자 친구들과 함께 나눌 말씀을 하나님께로부터 받았다.

끔찍한 복수를 막으신 하나님

2007년 7월의 토요일 아웃리치에서 있었던 은혜로운 경험이다. 그날 아웃리치를 위해 다음 말씀을 받았다

> 아무에게도 악을 악으로 갚지 말고 모든 사람 앞에서 선한 일을 도모하라 할 수 있거든 너희로서는 모든 사람과 더불어 화목하라 내 사랑하는 자들아 너희가 친히 원수를 갚지 말고 하나님의 진노하심에 맡기라 기록되었으되 원수 갚는 것이 내게

있으니 내가 갚으리라고 주께서 말씀하시니라 네 원수가 주리
거든 먹이고 목마르거든 마시게 하라 그리함으로 네가 숯불을
그 머리에 쌓아 놓으리라 악에게 지지 말고 선으로 악을 이기
라 롬 12:17-21

말씀을 받고 나서 조금 의아했다. 어떻게 이 말씀을 전해야 하
나 싶어서 말이다. 그 전에는 주로 위로의 말씀을 많이 주셨는데
그날 말씀은 달랐다. 그렇지만 하나님께서 주신 말씀이니 누군
가에게 꼭 필요한 말씀일 것이라는 믿음을 가지고 기도 팀들에
게 성경 구절을 알렸다. 기도 팀들은 성경에 로마서 말씀을 표시
해 노숙자들에게 다가갔다.

남편은 큰아이 다니엘과 한 조가 되어 기도 팀 봉사를 했다.
그날 남편은 어느 젊은 청년을 만났다. 아침 식사를 받아 온 청
년에게 말을 걸며, 복음을 제시하고자 하니, 그 청년은 흔쾌히
수락해 주었다. 청년은 계속 아침을 먹으며, 남편의 말을 들었
다. 남편은 하나님께서 주신 로마서 12장 말씀을 읽어 내려갔다.
말씀을 다 듣고 난 청년은, 아침을 먹으며, 갑자기 흐느끼며 울
기 시작했다. 모두 놀라 의아해하며 청년이 진정될 때까지 기다
렸다. 잠시 뒤 청년은 왜 이토록 자신의 감정이 북받쳤는지 이야
기해 주었다. 그의 이야기를 들어 보니 그 삶이 정말이지 충격적
이었다.

그는 자메이카 출신으로 열한 살에 아빠와 함께 뉴욕에 왔다.

뉴욕에 도착하자마자 청년의 아빠는 "내가 너에게 해줄 수 있는 최선의 일은 너를 미국에 데리고 온 것이다. 이제 너는 혼자 살아가야 한다"는 말을 남기고 사라졌다. 열한 살 소년이 졸지에 뉴욕 한가운데 표류하게 된 것이다. 청년은 아무 연고도 없는 뉴욕 거리에서 며칠을 지내다가, 어느 갱단과 인연이 닿아 마약 심부름꾼을 하며 생계를 유지했다. 그 일은 위험하기도 했지만 다른 방법이 없었다. 그가 말하기를 살기 위해 갱단 사이를 오가며 마약을 전달하기는 했지만 마약은 한 번도 하지 않았다고 한다. 언제 어디서 죽을지 모르기에 정신을 차리고 살아야 했기 때문이란다. 밤에도 죽을까 봐 잠도 제대로 못 자고 치열하게 살아왔다.

그러던 중 청년은 한 갱단 두목의 부탁으로 본인이 저지르지도 않은 일을 다 뒤집어쓰고 대신 복역해 주는 일을 하기로 했다. 두목은 이 일만 잘해 주면 큰 보상을 해 주겠다 약속했다. 청년은 그 말을 굳게 믿고 감옥에서 십여 년을 복역했다. 그러나 두목은 청년에게 약속을 지키지 않았다. 청년은 감옥에 있는 동안 풀려나는 대로 그 두목에게 복수를 하리라 다짐하고 또 다짐했다. 그리고 마침내 지난 금요일 저녁, 청년은 출소를 했다.

청년은 두목이 보스턴에 산다는 소식을 듣고 이곳에 왔다고 했다. 감옥에서 풀려나자마자 밤 버스를 타고 보스턴 터미널에 도착했는데, 사람들이 알려 주기를 이곳에서 무료 아침 식사를 제공한다는 소식을 듣고 왔다고 했다. 그리고 청년은 우리를 만

한 달란트

난 것이다. 할렐루야!

청년은 자신의 이야기를 마치고 가방을 열어 우리에게 보여 주었다. 정말 끔찍한 도구들이 보였다. 청년은 두목을 만나면 살해하려고 망치, 칼 등 흉측한 무기들을 가득 담아 갖고 다녔다. 그런데 처음으로 로마서 12장 17-21절 말씀을 듣고 누군가 자신을 보살피고 지켜보고 있다는 것을 느꼈다고 했다. 열한 살에 아버지로부터 뉴욕에 버려지고는 아무도 자신을 보살펴 주지 않았는데 말이다. 마음에 복수의 칼을 품고 있었는데, 누군가 그것을 막으려고 자신을 여기에 오게 해서 말씀을 듣게 한 것이 너무도 감사해서 감격의 눈물을 흘렸다고 했다.

청년에게 회개 기도와 영접 기도를 하겠느냐고 물었더니, 기꺼이 하겠다고 했다. 기도를 마치고 우리는 청년을 노숙자 쉼터(shelter)로 안내하여 쉴 수 있도록 해 주었다. 그리고 다음 날인 주일, 우리는 함께 교회에서 예배를 드렸다. 청년과 교제하면서 우리는 어떻게 이렇게 순수하고 밝은 청년이 복수의 칼을 갈며 그 끔찍한 일들을 계획했을까 의문이 들었다. 이런 청년이 갱단 사람들에게 휘둘리며 마약 심부름꾼을 했다는 것이 상상되지 않았다. 좋은 부모 밑에서 성장했으면 더 행복한 인생을 살 수 있었을 텐데 하는 마음에 안타까움이 일었다. 그러나 이제라도 전지전능하신 하나님 손 안에 들어왔으니 얼마나 감사한 일인가.

청년은 교회학교 어린이들과도 정말 잘 어울렸다. 아이들을 특히나 예뻐했다. 특히 우리 작은아이가 청년을 참 좋아했다. 그 후 청년은 3개월 정도 우리와 함께 신앙생활을 하다가 일자리 때문에 다른 주로 떠나게 되었다. 떠날 때 청년은 신앙의 발판에 더해져서 다른 사람이 되어 있었다. 아직도 나는 청년을 위해 매일 기도한다. 하나님께서 아름다운 영혼을 가진 청년을 만나게 하셔서 당신의 전지전능하심을 또 한번 실감케 해 주셨다.

하나님이 아니고서는 일어날 수 없었던 일들

2010년 여름, 토요일 아웃리치 때의 일이다. 그날따라 유난히 많은 사람이 성경과 전도용 책자를 원해서 예상보다 일찍 성경이 동난 상태였다. 그런데 그 무렵 스페인어를 구사하는 한 노숙자가 와서 성경을 읽고 싶다며 달라고 했다. 마침 스페인어 성경도 다 나누어 준 상황이라서 도움을 줄 수 없었다.

우리가 상황을 설명해 주자 노숙자가 하는 말이, 자기가 지금은 노숙자 신세이지만 어린 시절 어머니가 잠자리에 들기 전 항상 시편 91편을 읽어 주셨다고 했다. 그러면서 그 시편을 들으면 마음이 편해질 것 같다며 우리에게 애원했다. 정말 난감했다. 너무도 도와주고 싶었다. 당장 우리 집이라도 데리고 가서 성경을 전해 주고 싶은 심정이었다. 그때만 해도 스마트폰이나 성경 어플도 없었다. 스페인어에 능통한 남편은 그를 안타까워하며 옆에서 위로하고 있었다. 그런데 바로 그때, 어디선가 시편 91편이 스페인어로 들리기 시작했다. 지나가던 다른 노숙자의 입에서 스페인어로 시편 91편이 흘러나오고 있었다.

지존자의 은밀한 곳에 거주하며 전능자의 그늘 아래에 사는 자여, 나는 여호와를 향하여 말하기를 그는 나의 피난처요 나의 요새요 내가 의뢰하는 하나님이라 하리니 이는 그가 너를 새 사냥꾼의 올무에서와 심한 전염병에서 건지실 것임이로다 그가 너를 그의 깃으로 덮으시리니 네가 그의 날개 아래에 피하리로다 그의 진실함은 방패와 손 방패가 되시나니 시 91:1-4

우리에게 성경을 애원하던 노숙자는 "맞아요, 이거예요. 우리 엄마가 읽어 주던 그 구절이예요"라는 말을 반복하며 감격의 눈물을 흘렸다. 주위에는 몇몇 노숙자와 우리 봉사자들이 모여들었다. 스페인어를 모르는 내가 듣기에도 시편 91편을 외우는 그의 목소리와 톤은 영혼을 울릴 만큼 은혜가 넘쳤다. 그래서인지 주변에는 눈물을 흘리는 사람도, 또 기도하는 사람도 있었다. 할렐루야, 아멘을 외치는 사람들도 있었다. 정말 천국 잔치의 한 장면 같았다.

몇 차례의 시편 91편 암송이 끝나고, 암송을 했던 노숙자에게 어떻게 된 일인지 물었다. 그랬더니 그가 하는 말이 자신이 유일하게 암송하는 성경 구절이 시편 91편이라고 했다. 그것도 스페인어로 말이다. 지나가면서 스페인어로 시편 91편을 듣고 싶어 하는 다른 노숙자의 말을 들었고, 그는 마침 자기가 아는 구절이어서 낭독을 했다고 했다. 우리는 모두 너무 놀랐다. 누가 이 기막힌 타이밍을 조절한다는 말인가? 인간의 힘으로는 도저히 흉

내 낼 수 없는 일이다. 그야말로 넘치는 은혜의 현장이었다.

시편 91편이 듣고 싶다던 사람은 연신 감사 인사를 하며 자리를 떠날 줄 몰랐다. 말씀을 외웠던 사람도 자신이 다른 사람을 기쁘게 해줄 수 있었다는 감격에 들떠 있었다. 금과 은은 우리에게 없어도 우리에게 있는 것은 은혜이니 그것을 나눌 수 있는 삶이 최고임을 눈으로 직접 볼 수 있었던 하루였다.

우리는 우리가 가진 것을 나누리라는 마음으로 노숙자 사역을 시작했다. 그러나 지금까지 20여 년을 사역하며 보스턴 시내에 나가 노숙자 친구들을 만나 보면, 우리는 그들이 예수님인 것 같다는 생각을 하게 된다. 혹시 예수님께서 그들로 변장하고 오신 것은 아닐까? 그래서 우리는 예수님을 맞이하는 마음으로 아웃리치를 준비한다. 우리는 너무도 많은 은혜를 노숙자들을 통해 받았다. 그들을 통해 하나님께서 살아 계심을 확실하게 알았다.

하나님께서는 우리를 당신의 일에 동참시키셔서 지체들과 함께 살아가는 법을 알려 주셨다. 우리는 모두 한 아버지로부터 지음받은 형제자매이며 한 지체임을, 지위의 고저, 재산의 유무를 떠나서 같은 편이요 한 몸임을 이 사역을 통하여 마음 판에 새기게 해 주셨다.

한 달란트

우리는 모두 놀랐다. 누가 이 기막힌 타이밍을 조절한다는 말인가?
인간의 힘으로는 도저히 흉내 낼 수 없는 일이다.

은혜가 아니고는 만남도 변화도 없었을 것이다

볼지어다 내가 문 밖에 서서 두드리노니 누구든지 내 음성을
듣고 문을 열면 내가 그에게로 들어가 그와 더불어 먹고 그는
나와 더불어 먹으리라 계 3:20

네스토와의 만남

2011년, 토요일 아웃리치를 나간 어느 날 생긴 일이다. 아내와
함께 어김없이 배식 팀과 기도 팀으로 나눠서 노숙자를 섬기고
있었다. 그런데 줄 서서 배식을 기다리는 사람 사이로 한 남자가
눈에 띄었다. 잘 차려입은 모습이었지만 굉장히 우울해 보이는
얼굴에서 고난이 많이 있었음을 짐작할 수 있었다.

그 남자와 주위 친구들은 배식을 받고 난 후 공원 벤치로 가
서 식사를 했다. 나는 그 사람들 사이로 가서 앉았다. 그들은 내
가 다가가는 것을 반기지는 않았지만, 그렇다고 거부하지도 않
았다. 하나님은 내게 복음을 전하라는 강한 마음을 주셨다.

성경을 열고 그들에게 말을 걸었다. 그들은 스페인어를 사용

하는 남미에서 온 이민자들이었다. 다행히 내 손에는 스페인어 성경도 있었기에 너무 잘된 일이었다. 게다가 나는 어린 시절을 남미에서 보내지 않았던가. 비록 남미 사람들로부터 받은 멸시와 조롱이 많은 상처가 되었지만, 이렇게 사용하도록 나를 훈련하신 하나님께 다시 한번 감사하였다. 나는 능숙한 스페인어로 그들에게 말을 걸고 성경을 열어 보여 주었다. 그랬더니 그중에 한 사람이 자기에게 기도 제목이 있다며 반응해 주었다. 그는 영주권 문제가 해결되지 않아서 체류에 문제가 있고 저소득층 혜택도 받지 못한다며 기도해 달라고 요청하였다. 우리도 영주권 문제로 어려움을 당했던 경험이 있었기에 합심하여 기도했다. 그리고 성경을 열어 복음을 제시하였다.

그런데 조금 전 유독 눈에 뛰었던 깔끔하게 차려입은 남자가 눈을 초롱초롱하게 뜨고 열심히 복음을 경청하는 것이 보였다. 그는 이름이 네스토이고 도미니카공화국에서 온 이민자였다. 보스턴 시내의 큰 백화점에서 매니저로 일했는데 우울증이 심해지면서 일자리를 잃었다고 했다. 월세를 낼 형편이 되지 않아서 살던 집에서도 쫓겨나 노숙자가 되었다는 것이다. 현재는 노숙자 쉼터에서 자고, 식사는 여러 곳을 돌아다니며 해결하고 있다고 했다. 내가 스페인어를 사용하여 복음을 전하고 이런저런 이야기를 하자 네스토는 상당히 친근감을 느끼며 자신의 여러 이야기를 들려주었다. 이야기를 마칠 즈음 나는 그에게 내일 교회에 함께 가자고 초청했다. 그랬더니 그는 흔쾌히 예배에 참석하겠다고 하였다.

주일 아침에 네스토가 묵고 있는 노숙자 쉼터에 벤을 가지고 데리러 갔다. 네스토는 친구라며 다리가 불편한 라울을 소개해 주면서 함께 예배 드리고 싶다고 말했다. 우리는 그 둘과 함께 교회로 향했다. 네스토와 라울을 목사님과 많은 지체들이 환영해 주었다. 라울을 위해서는 내가 간간히 스페인어로 통역해 주었다.

갈급함을 아시고 단비를 내리시는 주님

그렇게 네스토, 라울과 첫 주일 예배를 은혜롭게 드리고 난 후, 함께 우리 집으로 가 이야기를 나누었다. 그때 나는 둘에게 일주일에 한 번씩 만나 함께 음식을 나누며 성경공부를 하면 어떻겠느냐고 제안하였다. 네스토와 라울은 기뻐하며 흔쾌히 수락해 주었다. 빅맥을 좋아하는 네스토와 라울을 위해 우리는 두 사람이 묵고 있는 쉼터 근처의 맥도날드에서 다음 주부터 성경공부를 하기로 결정하고 헤어졌다.

처음엔 4영리를 바탕으로 복음의 기초를 잡아 나갔다. 네스토와 라울은 마치 스펀지에 물이 스며들 듯 복음을 잘 받아들였다. 그렇게 둘의 마음에 복음이 서서히 자리 잡히고 있다는 사실을 알 수 있었다. 무엇보다 우리가 함께 성경공부하고 예배 드리는 시간이 참으로 은혜로웠다. 신기했던 것은 공부하기로 했던 장소가 많은 사람이 드나드는 곳인데도, 우리가 공부하러 들어갈 때는 항상 빈자리가 있어서 어렵지 않게 자리를 잡을 수 있었던 것이다. "형제가 연합하여 동거함이 어찌 그리 선하고 아름다운고"라고 한 시편 133편 1절 말씀이 눈앞에 펼쳐지는 좋은 시간이었다.

그렇게 맥도날드에서 햄버거를 먹으며 함께 성경공부를 하던 네 번째 만남의 날, 나는 '내가 나의 주인인 사람'과 '예수 그리스도가 나의 주인인 사람'에 대해 설명하며, 요한계시록 3장 20절 말씀을 함께 읽었다.

> 볼지어다 내가 문 밖에 서서 두드리노니 누구든지 내 음성을 듣고 문을 열면 내가 그에게로 들어가 그와 더불어 먹고 그는 나와 더불어 먹으리라 계 3:20

이 말씀에 울컥한 네스토는 주님을 삶의 주인으로 모시겠다고 고백했다. 더 이상 홀로인 삶을 살고 싶지 않다고 했다. 외로운 자신의 삶에 기꺼이 함께하시고 더불어 먹으리라 약속하신 예수님과 함께하고 싶다고 고백했다. 나는 그동안 이 말씀을 한 번도 그리 읽어 본 적이 없었다. 내 속에는 늘 너무 많은 것들이 자리 잡고 있어서 주님을 온전히 모실 여백이 없었다. 그게 늘 문제였다. 그런데 다른 누군가에게 삶은 가진 것도, 찾는 이도 없이 방치된 텅 빈 공간일 뿐인 나날이었다. 네스토는 그렇게 외로운 하루하루를 맞고 있었던 것이다. 네스토에게는 그 외로운 곳에 들어와 함께 있어 주겠다는 예수님의 약속이 곧 복음이었다. 이 말씀에 그는 마음의 문을 활짝 열었다.

그러던 가운데 그곳에서 청소 일을 하는 여성이 우리에게 망설이며 다가왔다. 그녀의 이름은 베로니카이고, 주일에도 일을 해야 하는 고된 직업을 갖고 있었다. 그녀가 말하기를, 그동안 여러 번 옆에서 청소하며 들어 보니 성경도 보고 공부도 하고 기도도하는 것 같은데, 자기도 함께하고 싶다는 것이었다. 그러나 본인은 청소를 해야 하기에 앉아서 할 수는 없다고 했다. 근처에서 청소하며 듣기만 하겠다고 했다. 그러면서 한 가지 부탁을 했다. 기도할 때 꼭 본인 기도를 해 달라는 것이었다. 정말 놀라웠다. 우리는 어떻게 그 시간에 맥도날드에 가서 베로니카를 만날 수 있었을까? 하나님의 일하심이 아니고는 상상할 수 없는 기이한 타이밍의 조합이다.

네스토, 라울과 나는 베로니카를 흔쾌히 성경공부 팀의 일원으로 받아들였다. 그 후로 베로니카는 매번 우리가 맥도날드에서 모임을 가질 때, 항상 우리 테이블 근처에서 바닥 청소를 하며 함께했고, 기도 시간에는 꼭 베로니카와 그 가족들을 위해 간절히 기도했다. 베로니카는 본인이 주일에 교회에 갈 수 없으니 헌금이라도 하고 싶다며, 우리를 통하여 교회에 헌금을 했다.

하나님은 베로니카의 말씀을 향한 갈급함을 아시고 때마다 영의 양식을 공급해 주셨다. 지금은 타지에 가 있지만, 당시에 그 고된 일을 하면서 말씀을 접할 기회가 있으면 놓치지 않고 적

한 달란트

극적으로 참여하고자 했던 신실한 베로니카의 믿음에 찬사를 보낸다. 이렇게 빵 한 조각을 나누며 시작된 만남은 맥도날드 햄버거 공동체로 자리 잡았고, 네스토의 식탁은 예수님으로 말미암은 새 식구들로 채워져 갔다.

작지만 성대했던 네스토의 세례식

네스토와 라울은 주중에는 성경공부를 하고, 주일에는 꼭 우리 가족이 출석하는 교회에 나와 주일 예배를 함께 드렸다. 때때로 그들과 함께 다른 노숙자들도 예배에 참석했다. 대부분의 많은 교인들이 그들을 환영해 주었으나 그 수가 점점 늘어나자 몇몇 교인은 꺼리는 분위기가 느껴졌다. 그렇다고 한 영혼을 잃을 수는 없는 일이었다. 우리 가족은 언제나 그랬듯 예배를 마치면 네스토와 라울을 집으로 초대해서 식사를 나누었다. 아이들도 네스토와 라울을 잘 따르며 교제를 이어 나갔다.

그 무렵 우리는 네스토와 라울에게 세례에 대한 이야기를 꺼냈다. 라울은 받지 않겠다고 했지만, 네스토는 관심을 보이며 받고 싶다고 했다. 하나님께서 한 영혼을 이토록 사랑하시어 많은 공을 들이시는구나 하는 생각이 들었다. 그 후 네스토는 네 차례의 세례 교육을 받았다. 그리고 부활절에 수영장이 있는 교인의 집에서 온 교인이 다 모인 가운데 은혜롭게 세례식을 치렀다. 감사하게도 교인들은 마치 성대한 잔치처럼 음식과 선물을 준비해 주었다. 작지만 성대한 세례식이었다. 나는 네스토를 안고 축하

해 주었다. 그동안 그와 함께했던 많은 시간이 주마등처럼 펼쳐
졌다. 하나님의 한없는 은혜에 고개가 숙여졌다. 네스토를 만나
게 하신 이도 하나님이시요, 그를 자녀로 받아들여 주신 분도 하
나님이심을 다시 한번 고백했다.

네스토는 세례를 받기 전에 국가에서 제공하는 저소득층 주
택을 신청했는데, 두 달 후에 당첨 소식을 전했다. 지난 몇 년간
노숙자 쉼터에서 잠만 잘 뿐 쉴 만한 공간이라고는 없었는데, 게
다가 쉼터는 아침 6시면 어김없이 나와야 했는데 너무도 감사한
일이었다. 본인만의 공간이 생겼다는 사실에 네스토는 뛸 듯이
기뻐했다.

새 집만 있을 뿐 네스토가 살림살이를 마련하는 데 어려움이
있음을 알고 이번에도 교인들이 모두 힘을 합해 주었다. 세탁기,
건조기, 부엌 살림살이 등을 준비해 준 것이다. 네스토는 교인들
의 도움에 감사해하며 신앙생활에 더욱더 힘쓸 것이라고 다짐하
였다.

그렇게 우리와 함께 1년간 신앙생활을 한 네스토는 스페인어
를 사용하는 교회로 옮기고 싶다는 의향을 보였고, 우리도 그의
바람이 타당하다 생각되어 여러 남미 이민자들이 모이는 스페인
교회를 소개해 주었다. 네스토는 그중 한 교회에 정착하여 지금
까지 뜨겁게 신앙생활을 하고 있다. 최근에는 다시 직업도 갖게
되어 하루하루를 감사함으로 누구보다 열심히 살아가고 있다.

어린 시절

남미 사람들로부터 받은 멸시와 조롱으로 많은 상처가 있지만

이 상처를 사용하도록 나를 훈련하신 하나님께 감사하다.

　　　　　　우리보다 앞서 가시며 험한 곳을 평탄케 하셨다

보라 내가 새 일을 행하리니 이제 나타낼 것이라 너희가 그것
을 알지 못하겠느냐 반드시 내가 광야에 길을 사막에 강을 내
리니 사 43:19

승인될 줄 알았던 영주권

이스라엘은 공항에서 입국하는 모든 이에게 3개월의 관광 비
자를 허가해 준다. 입국한 후에는 학교를 찾아 입학해 체류 비
자를 받는다. 본격적으로 공부를 시작하면 1년에 한 번씩 이민
국에서 비자를 갱신하면 되기 때문에 비자로 겪는 큰 어려움이
없다.

남편이 있는 미국에 온 나는 MIT에서 일하게 되어 J1이라는
비자를 받았다. 비이민 교환방문 비자로, 외국인으로서의 생활
이 시작되는 것이다. 보통은 이 J1 비자를 3년 동안 사용한 후에
H비자를 받는다. 이 두 비자의 용도는 노동 허가와 같은 것이다.
이 H비자가 끝날 즈음에는 영주권을 신청한다. 아마도 대부분

이런 과정을 통해 미국에 정착할 것이다.

이스라엘을 떠나기 전 나는 미국에서 3년 정도를 지내고 이스라엘로 돌아갈 생각이었다. 그러나 남편의 공부가 그 사이 마무리되지도 않았고, 큰아이 다니엘이 이스라엘로 가는 것을 극도로 싫어한다는 것을 알게 되었다. 결국 나는 미국에서 자리를 잡는 것이 하나님의 뜻인가를 기도해 보기로 했다. 그러던 중 NIW(National Interest Waiver)라는 영주권 프로그램을 알게 되었다. 박사학위 소지자 중에 미국 발전에 도움이 될 인재들에게 영주권을 내주는 것이었다. 나는 앞으로의 체류를 위해 비자를 준비하는 것이 좋을 것 같아서 비자 신청과 같이 이 프로그램을 준비해 보기로 마음먹었다.

NIW를 신청하기 위해서는 학계 권위자의 추천서와 함께 신청자가 정말 미국에 필요한 인재인지를 가늠할 수 있는 다양한 서류가 필요했다. 동료들 말에 의하면 준비하는 기간이 거의 6개월 이상 소요되고, 추천서를 받는 것도 쉽지 않다고 했다. 추천서 양식이 보통 10페이지 정도로 짧은 연구 논문 수준이라는 것이다. 학계에서 명성 있는 사람으로부터 받은 추천서를 통해서 이 인재가 왜 미국에 필요한지를 판가름하기 때문에 그런 것 같았다.

나는 MIT는 물론 지도교수의 소개로 저명한 분들의 추천서를 받아서 마침내 NIW를 신청했다. 대행해 주던 변호사는 100퍼센트 장담할 수는 없지만 긍정적인 결과가 있을 거라 용기를 주었다. 그 당시 나는 자신감이 하늘을 찌르고 있었다. 당연히 영주권을 받을 수 있을 거라 생각했다.

그런데 한 달 후에 이민국으로부터 온 연락은 보충 서류를 제출하라는 요구사항이었다. 추천서가 부족하니 더 추가하여야 한다는 것이었다. 간절한 마음에 지인들에게 추천서를 부탁해 받았다. 내용이 지나치게 과장되어 있었지만 변호사는 많은 사람들이 그렇게 한다며 아무렇지 않게 서류 작성을 하여 제출하였다. 그러나 하나님은 당신의 자녀가 스스로를 과장하며 포장하는 것을 기뻐하시지 않았다. 그 사실을 깨닫는 데는 그리 오랜 시간이 걸리지 않았다.

교만함의 끝은 절망뿐

세 달 후에 이민국으로부터 영주권 승인 거절 소식이 왔다. 청천벽력 같은 소식에 말문이 막히고 머릿속이 하얘졌다. 그러나 내 영의 한편에서는 예견된 결과라는 말이 들려왔다.

영주권이 승인될 줄 알고 다른 비자를 준비하지 않았기에 체류비자를 다시 신청해야 했다. 변호사는 연방이민국에 항소를 해서 시간을 벌자고 제안하였다. 회사 인사과에 알아보았더니 나의 경우에는 O비자를 신청해야 한다고 했다. O비자는 아웃스탠딩 비자라 하여 뛰어난 역량을 가진 사람에게 주어지는 것이었기 때문에 이번에도 다수의 추천서가 있어야 했다.

그 당시 나와 남편의 관계는 많이 틀어져 있었다. 더욱 영적 연합이 필요한 이때에 나는 남편을 원망하며 신세를 한탄했다. 주위 동료들은 너무도 쉽게 영주권을 받고 풍족하게 살아가고 있는데, 나만 힘든 길을 가는 것 같았다. 그런 생각들은 내 마음의 중심을 흔들어 놓았다. 내 교만함이 나를 더욱 절망으로 빠뜨렸다.

그 사이 우리와 가까운 이웃, 마리앤이라는 미국 할머니가 우리 사정을 듣고는 크게 안타까워하며 우리를 돕고자 했다. 그녀는 우리 가족이 영주권을 못 받는 것은 말이 안 된다며 100여 명이 사인한 탄원서를 작성하여 매사추세츠 상원 의원인 에드워드 케네디에게 보내기로 했다. 상황이 그렇다 보니 내게는 내심 에드워드 케네디를 하나님보다 더 의지하는 마음이 생겼다. 그는 케네디 전 대통령의 형제이고, 그 당시 정치적 역량이 꽤 크기도 했으며, 수많은 이민자의 체류 신분을 해결해 준 매사추세츠 상원 의원이었기 때문이다.

탄원서를 가지고 사무실에 도착하니 에드워드 케네디가 바로 전날 병원에 입원해서 탄원서를 검토하기 어려우며 병원에서 나오는 대로 검토하겠다는 약속을 받고 집으로 돌아왔다. 그런데 며칠 후 케네디 상원 의원이 뇌암에 걸려서 모든 공직을 내려놓는다는 뉴스를 접했다. 정말 기가 막혔다. 한 달 후에는 신문 1면을 에드워드 케네디의 부고 소식이 장식하였다. 끈 떨어진 연처럼 나의 실망이 더욱 커졌다. 사람을 하나님보다 더 의지했던 내 믿음의 결론이라는 생각이 들었다.

오직 나만 바라보라 하시는 하나님의 명령이 느껴졌다. 사람을 의지했던 스스로가 한없이 부끄러웠다. 문득 고등학교 때 나를 전도했던 친구가 했던 말이 생각났다.

"성경에는 삶의 모든 해답과 해결책이 있어."

매일 보는 성경인데 특별한 것이 뭐가 있을까. 그런 마음을 가지고 일주일 휴가를 냈다. 밥 먹고 성경만 읽기로 작정했다. 나는 식구들의 아침을 차려 주고 창세기부터 성경을 읽기 시작했다.

첫날, 형광펜을 잡고 마음에 남는 구절을 표시하면서 여덟 시간 정도를 읽었다. 그전에는 몰랐던, 말씀이 살아 역동하심이 느껴졌다. 생전 처음 보는 듯한 구절도 많았다. 내가 성경을 좀 읽는다고 생각했는데, 아주 생소한 구절이 상당히 많았다. 나는 레위기가 그렇게 재미있는 책인 줄 처음 알았다. 우리를 너무 사랑하셔서 어긋나지 않게 하시려고 하나하나 가르쳐 주시는 하나님의 사랑을 느꼈다.

시편을 읽을 때는 소리 내어 읽었다. 내가 입으로 읽는 것을 귀로 들으며 은혜가 더해졌다. 고통을 하나님께 토로하며, 결국은 찬양으로 마무리하는 다윗의 믿음이 부러워 그를 닮고도 싶었다. 어떤 말씀은 성경책 속에서 튀어나와 내 영으로 들어오는 것 같았다. 말씀이 꿀송이처럼 달다는 것이 실감이 나는 경험이었다. 예언서를 읽으며 우리에게 다가올 일의 예고편을 보여 주시는 하나님의 기막힌 가르침을 찬양하기도 했다. 신약으로 들어와 사복음서를 읽으면서는 역사 속에 살아 계신 예수님을 경험했다. 신약의 꽃 로마서를 읽으며 또 한번 말씀이 책 안에서 튀어나오는 것을 경험했다.

6일 동안 하루 여덟 시간씩 성경을 통독하고 나니 신기한 마음이 들었다. 영주권이 거부된 것이 고난이 아니고, 내 안에 성령의 기름부으심이 없는 것, 예수님의 부재가 고난임이 느껴졌다. 미국 영주권이 있고 없음보다 하늘 시민권에 초점이 맞춰졌다. 그러자 영주권이 승인이 되든 안 되든, 이 미국 땅에서 살든 추방되든, 모든 것이 하나님의 주권 아래 있는데 내가 왜 이리 걱정을 하는가 싶은 생각이 들었다.

> 그렇게 하지 아니하실지라도 왕이여 우리가 왕의 신들을 섬기지도 아니하고 왕이 세우신 금 신상에게 절하지도 아니할 줄을 아옵소서 단 3:18

갑자기 그렇게 나를 짓눌렀던 영주권 걱정이 사라지고 다시힘이 났다. 그리고 남편에게도 미안한 마음이 들었다. 하나님은 회개의 기회도 허락하셨다.

　마음을 가다듬고 O비자 서류와 항소 준비를 하기로 했다. 그러면서 주말에는 가족, 교회 친구들과 노숙자 봉사를 나갔다. 그곳에서 멕시코 출신 형제와 이야기를 나누게 되었고, 마지막으로 기도 제목을 달라고 요청했다. 그랬더니 그가 영주권이 거부되어 어려움에 처했다면서 아주 실망스러운 얼굴로 기도 부탁을 했다. 그를 위해 기도하는데 어찌나 눈물이 나던지, 그의 애타는 마음이 어떤지 너무도 알 것 같아서, 당해 보고 나니 그 아픈 심정이 고스란히 전해져서 통곡을 하며 간절히 기도하게 되었다. 그랬더니 그 멕시코 출신 형제가 내 간절한 기도에 굉장히 감동을 받았다.

　나는 비로소 알게 되었다. 예수님도 그러셨다. 육신을 옷 입고 이 땅에 오셔서 우리 고통을 우리 입장에서 체휼하신 것이다. 나역시 멕시코 형제와 같은 상황에서 같은 심정으로 기도하니 더욱 간절해졌다. 기도가 더욱 깊어졌다는 것을 깨달았다.

　하나님은 이 경험을 통해 또 배우게 하셨다. 영주권 항소를 했지만 6개월 후 다시 거부되었다는 연락이 왔다. 완벽한 승인 거절이었다. 변호사 말에 의하면 곧 추방 편지가 도착할 것이란다. 다만 O비자 승인이 추방 편지보다 먼저 나오면 괜찮다고 했다. O비자는 캐나다에 직접 가서 받아 와야 하는데, 만약 비자가 거부되면 우리는 미국으로 못 돌아오게 될 것이라고 했다.

　그 사이 회사에서는 나를 위해 O비자 준비를 거의 마쳤다. 그 무렵 나도 참여하게 된 우리 회사의 연구가 좋은 결과를 내면서 세계 최고 권위의 과학 저널인 《네이처》에 게재되었는데, 그것이 O비자 신청에 조건을 만족시킬 수 있었다. 그렇지만 비자 신청을 위해 캐나다로 가기까지는 긴장의 연속이었다. 언제 추방 편지가 도착할지도 알 수 없었다. 우리가 출석하던 미국의 커버 난트교회는 교회 개척 이래 처음으로 금식하며 철야기도를 했다. 우리 가정의 비자와 영주권을 위해서였다. 그뿐만 아니라 우리를 위해 교인들이 만 달러를 헌금해 주었다. 만약 캐나다에서 비자가 거부되어 못 돌아올 것을 대비한 것이었다.

두 아이는 미국에 남겨 두고, 남편과 나는 두렵고 떨리는 마음으로 국경을 통과해 캐나다 주재 미국 대사관에 도착했다. 비자를 발급하는 창구는 세 군데였고, 그중에 깐깐해 보이는 중년 남자가 있었다. 우리 앞에 몇몇 사람들이 앞서 비자 인터뷰를 하고 있었는데, 유독 그 사람에게 신청한 사람들이 울면서 퇴장하는 것을 봤다. 우리는 제발 저 사람만은 피해 가길 기도했다. 그런데 기도가 끝나자마자 그 사람이 우리 이름을 불렀다. 심장이 내려앉는 것 같았다.

우리는 준비한 500여 장의 서류를 그 직원에게 제출했다. 그동안 우리와 연관된 모든 비자 서류를 제출해야 했기 때문에 영주권 거부 서류도 맨 밑에 첨부했다. 그런데 그 직원이 우리에게 질문을 하면서 계속해서 남편의 이름을 불렀다. 나는 주 신청자는 장현경인 나이고, 서류 역시 그렇게 준비했다고 설명했다.

그런데 직원은 내 말이 끝나기 무섭게 자리에서 일어나더니 어딘가에 다녀왔다. 잠시 후 돌아와서는 또 남편의 이름을 불렀고, 나는 다시 정정하기를 수차례 했다. 직원은 어딘지 불안한 것처럼 계속해서 일어났다 앉았다를 반복했고, 또 여러 번 어딘가를 다녀오느라 서류 한 장을 제대로 넘기지 못했다. 결국 그 직원은 그냥 비자를 내 줄 테니 3일 후에 찾아가라고 말했다.

우리는 정말 믿을 수가 없었다. 컴퓨터 조회를 하면 영주권 거부에 관한 정보가 나올 텐데, 그 사람은 컴퓨터도 만지지 않고 결정을 내렸다. 덕분에 우리는 3일 후 O비자를 받아 미국에 다시 입국할 수 있었다. 나중에 안 사실이지만 우리가 캐나다에 가 있는 사이 교회 친구 하나가 기도하기를, 서류 검토하는 대사관 직원을 정신없이 바쁘게 만들어 달라는 송구한 기도를 올렸다고 했다. 기도한 대로 하나님께서 응답하셨다.

그렇게 미국으로 돌아온 후, 미국 이민국으로부터 추방 편지가 도착했다. 날짜를 보니 우리가 캐나다에서 O비자를 받은 바로 며칠 뒤에 발행된 통지서였다. 물론 그 전에 비자를 받았으므로 추방 명령은 더 이상 효력이 없었다.

하나님은 이사야 43장 16-21절 말씀처럼 우리를 위해 광야에 길을 내 주셨다. 그리고 이사야 45장 2절 말씀에 하나님께서 고레스 왕에게 베푸신 것처럼, 하나님은 우리가 갈 길을 미리 앞서 가셔서 험한 곳을 평탄하게 하시고 놋문을 부수었으며 쇠빗장을 꺾어 주셨다. 하나님께서 이렇게 또 우리를 건져내어 주셨다.

우리는 우리를 위해 모금한 헌금을 교회에 돌려주고, 노후자금 계좌를 해약하여 교회에 헌금했다. 무엇이든 하나님께 드리고 싶었는데, 우리가 드릴 수 있는 것이 노후자금뿐이었다. 많은 이들이 무모한 짓이라 했지만 하나님께서 우리의 노후를 책임지실 것을 믿었기에 그렇게 할 수 있었다. 하나님께 무언가를 되돌려 드릴 수 있어서 날아갈 듯이 기뻤다.

그 후에 하나님께서 영주권은 남편을 통해서 허락하시겠다고 말씀해 주셨다. 그 말씀처럼 우리 영주권은 2001년에 시댁에서 신청한 가족 영주권이 허가가 나면서 2011년에 마침내 받을 수 있었다. 하나님께서 많은 과정을 통해서 허락하신 것이었기에 더욱 더 감사했다. 이 오랜 과정을 통하여 하나님과 더욱 더 친밀해졌다. 평범한 일상에 감사와 은혜를 체험함으로써 우리 소속은 이 땅이 아닌 천국임을, 우리는 천국 시민임을 확실히 알게 되었다. 또한 우리를 너무 사랑하시는 하나님께서 오묘한 훈련의 과정을 통하여 정금같이 되게 하신다는 확신이 들었다. 그분은 의로운 오른손으로 우리를 꼭 붙들고 계셨다.

PART

2.

하나님의 눈이 향해 있는 땅으로

인생을 걸 만한 가치 있는 일을 찾았다

그러므로 모든 육체는 풀과 같고 그 모든 영광은 풀의 꽃과
같으니 풀은 마르고 꽃은 떨어지되 오직 주의 말씀은 세세토
록 있도다 하였으니 너희에게 전한 복음이 곧 이 말씀이니라
벧전 1:24-25

혹독했던 타향살이

내가 남미 사람들과 소통하고 교제할 수 있도록 하나님께서
는 내 어린 시절을 인도하셨다. 예수를 모르던 나의 아버지는
3대 째 믿음의 가문에서 성장하신 어머니를 만나 결혼하셨다.
어머니는 이북 기독교 집안 출신으로, 신의주에서 미국 선교사
로부터 어머니의 조부모님께서 복음을 받아들이셨다고 한다. 그
러나 전통적 유교 집안 출신의 아버지는 부드럽게 예수를 거부
하시며 복음과는 담을 쌓은 채 지내셨다.

아버지는 산림청 공무원, 대기업 중역으로 직장 생활에 열중
하며 사셨다. 그러다가 남미 파라과이로 이민을 가게 되었다. 전

혀 예상치 못한 일이기도 했거니와 생소하기만한 땅으로 이주한다는 것은 그리 쉬운 결정은 아니었을 것이다. 그러나 어린 나에게는 정든 나라를 떠나 산다는 것에 대한 두려움보다는 새로운 세계에 대한 동경이 조금 더 큰 자리를 차지하고 있었다.

우리 가족은 파라과이 수도인 아순시온에 둥지를 틀었다. 아버지는 가족의 생계를 책임지셔야 했기 때문에 다양한 도전을 하셨던 것 같다. 한국의 이민 알선 업체에서 알려 준 정보에 근거하여 퇴직금과 집을 판 돈으로 사업을 시작하셨는데, 결과는 그리 좋지 못했다. 식용 색소와 과즙 등을 얼려 빙과류를 만드는 기계라든지, 뻥튀기 만드는 기계 같은 것들을 한국에서 공수하셨는데, 그때만 해도 이런 물건들을 옮기는 과정에서 상당수 분실되거나 망가진 채 도착하기 일쑤였다고 한다. 어린 내게 가장 안타까웠던 것은 외할아버지께서 물려주셨던 여러 권의 우표 수집 앨범이 온데간데없이 사라진 것이었다. 꽤 귀한 물건이었는데 말이다.

어려움은 그뿐만이 아니었다. 큰 기대를 품고 새로운 땅 파라과이에 왔지만 동양인을 굉장히 무시하는 현지인들의 태도 때문에 적잖이 실망하고 말았다. 길을 가다가 뜬금없이 물벼락을 맞기도 했고, 지나가는 사람들로부터 '꼬레아', '찌노'라고 불리며 눈 찢는 시늉하는 것을 봐야 했다. 가끔은 어디선가 돌이 날아오는 일도 있었다.

막 사춘기에 접어든 나는 아순시온 거리가 싫었다. 집 밖에서 마주치는 현지 사람들이 미웠다. 그리운 친척과 친구들을 고향에 두고 왜 이런 곳에서 살아야 하는지 이해가 되지 않았다. 이민이라는 것 자체가 못마땅했다. 그래서 나는 속으로 생각하기를, 비록 내가 지금은 못사는 너희 나라에 와서 살고 있지만 학교에서는 너희보다 더 좋은 성적을 낼 것이고 더 훌륭한 사람이 될 것이라고 오기를 세우며 곤욕스러운 하루하루를 달래곤 했다.

그러나 오기는 오기일 뿐, 정작 스페인어를 한마디도 모르는 내게 현실은 가혹하기 이를 데 없었다. 나는 학년을 반복하여 학교에 입학했고 시험 때가 되면 매일 백지를 제출해야 했다. 시력도 좋지 않아서 새로운 글자를 배우는 것이 상당히 버거웠다. 그러나 그런 악조건 속에서도 하나님은 내가 스페인어를 빨리 익힐 수 있게 도우셨다. 그래서 1년 후에는 어른들을 대신해 통역도 할 수 있게 되었다.

그 무렵 아버지는 교회 공동체가 이민 사회의 허브이자 정보 공유의 장이라는 것을 깨달으셨던 것 같다. 우리 가족은 주일이면 다 같이 교회에 출석하는 것이 자연스러운 일상이 되었다. 마침내 어머니의 오랜 기도였던 온 가족 복음화가 이루어진 것이다. 한국에서 계속 살았다면 상상도 못했을 일이 파라과이에 이민 와서 벌어진 것이다. 유교 전통을 이어 오던 아버지가 예배에 참석하셨으니 말이다.

아버지는 이민 가정의 생계를 마련하시느라 불철주야 여러 사업을 벌이셨으나 결과는 항상 손해였다. 결국 한국에서 가지고 온 경비도 거의 다 바닥이 나는 지경에 이르렀다. 그러던 중에 아버지는 가까운 지인의 사업 자금을 위해 큰 액수의 보증을 서셨다. 아마도 이민 사회의 특성상 서로 상부상조해야 하는 구조였기 때문에 어쩔 수 없는 선택이었던 것 같다.

모든 것이 잘되기를 바라고 하신 일이었겠지만 결과는 좋지 않았다. 어느 새벽 우리 가게로 밀어닥친 채권자들을 통해 우리는 그 지인의 행방이 묘연해졌다는 사실을 알게 되었다. 우리도 빚을 내어 식료품점을 운영하고 있던 터라 그 소식은 청천벽력과 같았다. 아버지는 무엇보다 평소 아끼던 지인의 소식에 마음이 무너지는 듯하셨고, 그 모든 빚을 책임지겠다 약속하셨다. 하지만 두어 달이 못되어 파라과이에 유래 없는 달러 환율 상승 탓에 보증으로 인한 달러 빚은 누룩이 불어나듯 두 배, 세 배로 불어 갔다.

이제 너는 하나님이 책임지실 하나님의 아들이야

당시 이태리 계 중학교 3학년에 재학하고 있던 나는 집안이 이처럼 어이없는 상황에 빠지는 것을 지켜보며 말할 수 없는 혼란에 빠졌다. 천문학적인 빚이 하루아침에 온 집안을 덮는 것을 보며, 어렵게 말과 글을 익혀서 착실히 학교를 다니는 것이 도대체 무슨 의미가 있을까 싶은 회의가 밀려왔다. 오직 돈을 벌어 우리 가정이 빚과 가난에서 벗어나도록 도와야 한다는 생각만이 가득할 뿐이었다.

결국 나는 부모님과 상의 없이 학교에 자퇴서를 제출했다. 마침 어느 고마운 지인의 배려로 부모님이 인수받은 시장 야채 도매상에서 장사를 시작했다. 그렇게 나는 장사를 도맡아 하게 되었고, 어머니는 시내의 식료품점을 계속 운영하셨으며, 아버지는 두 곳을 오가며 일하셨다.

막상 일은 저질러 놓았지만 내 마음은 지옥 그 자체였다. 파라과이 현지인으로부터 받던 무시를 앞으로 다가올 찬란하고 성공적인 미래에 대한 기대로 견뎠는데, 이제는 그 수치를 견딜 버팀목이 없어진 것이다. 가족을 구해야겠다는 대의를 가지고 결정한 일이었지만 몸과 영이 힘든 나날의 연속이었다.

그렇게 절망적인 하루하루를 지내는 가운데 어머니가 갑자기 쓰러지셨다. 어머니는 의식이 있는 듯 없는 듯 미동도 없이 누워만 계셨다. 우리가 할 수 있는 모든 방법을 동원하였으나 네 달이 지나도 어머니의 상태는 전혀 나아질 기미가 보이지 않았다. 하루는 교회의 학생부 부장 선생님이 방문했는데, 그분 이야기에 나는 걷잡을 수 없는 마음의 동요를 경험했다.

"네가 이럴 수는 없지 않니? 그래도 학생부 회장인데. 너를 보고 우리 아이도 그 학교에 보냈는데 어떻게 자퇴서를 낼 수가 있니. 모르기는 해도 너희 어머니가 몸져누우신 건 성현이 너 때문인 것 같다."

그분뿐만이 아니었다. 또 다른 지인도 비슷한 이야기를 했다.

여러 사람의 질책 섞인 말에 내 안의 두려움이 날이 갈수록 커졌다. 정말로 나 때문에 어머니가 돌아가시기라도 하면 어쩌나 싶은 죄책감에 휩싸여 너무도 괴로웠다. 어머니를 위해 무엇이든 하고 싶었다. 그때 생각난 것이 성경 읽기였다. 그래서 혹시 하나님께서 어머니를 살려 주시지는 않을까 하는 간절한 마음으로 성경을 읽기 시작했다.

창세기에서 시작한 성경 읽기가 이사야까지 다다른 어느 날 감사하게도 어머니가 눈을 뜨셨다. 그리고 어머니는 나를 찾으셨다. 침대 옆에 앉은 나에게 옛날 이야기를 들려주셨다. 어머니는 예수를 믿는 집안에서 태어나셔서 비록 불교, 유교에 뿌리를 내린 가문으로 시집을 왔지만, 여고시절 품으신 꿈을 한 번도 잊은 적이 없다고 하셨다. 첫째는 훗날 외국에서 사는 것이었고, 둘째는 자녀를 낳아 하나님을 잘 섬기는 훌륭한 사람으로 기르는 것이었다고 하셨다. 느닷없이 이민을 결정하신 아버지 덕에 첫째 꿈이 이뤄지는 듯했지만 정작 외국에서의 삶은 꿈과는 먼 힘든 나날의 연속이었다. 그래도 둘째 꿈만은 꼭 이루리라 다짐하며 착실하게 자라 주는 아이들을 보며 위로 삼아 버텨 왔는데, 나의 학교 자퇴 통보는 남은 한 가닥의 희망을 끊은 큰 고통이 되었다고 하셨다. 하루, 이틀, 날이 갈수록 그 절망의 깊이는 더해졌고, 어머니는 깊은 잠을 주무셨던 것이다. 그런데 어머니는 그 긴 잠의 끝자락 꿈에서 한 음성을 들으셨다.

"성현이가 누구의 아들이냐. 네 아들이냐, 내 아들이냐. 네가 책임질 것이냐, 내가 책임지랴. 결단하라."

바로 그때, 어머니는 외치셨단다.

"하나님의 아들입니다. 하나님께서 책임져 주옵소서."

그 답을 입으로 내뱉으시는 순간 어머니는 긴 잠에서 깨어나게 되신 것이다. 어머니는 내게 이렇게 이야기하셨다.

"성현아. 너는 오늘 이후로 더 이상 아빠와 엄마를 부모로 여기지 말거라. 하나님이 너의 아버지이시며, 앞으로 너의 삶을 책임져 주실 것이다. 오늘 이후로 네가 결정해야 할 모든 일은 그분께 물어 인도를 받도록 해라."

그 말을 듣고 나서 나는 정말 많이 울었다. 태어나서 가장 많이 운 날로 기억한다. 자식을 위해 아무것도 해줄 수 없는 어머니의 아픔이 느껴졌고, 아들을 위해 아들에 대한 권리를 포기하신 어머니의 마음이 크나큰 사랑이라는 생각이 들었다.

그 후 어머니는 정말 거짓말처럼 자리를 털고 일어나셨다. 언제 아팠냐는 듯, 그다음 날도 아침이면 가뿐히 가게 문을 열고 장사를 하셨다. 나의 장래나 학교 복학에 대해서도 전혀 언급하지 않으셨다. 하나님께 내 모든 것을 맡기셨음이 분명히 느껴졌다.

그 일 이후에 나는 두 가지 계획을 세웠다. 첫째는 어머니가 쓰러지셨을 때 읽기 시작했던 성경을 끝까지 읽는 것이고, 둘째는 어머니의 소녀 시절의 꿈을 이뤄드리는 것이었다. 우선 최종 학력 중학교 자퇴라는 이력부터 떼야겠다는 결심이 섰다. 그래서 검정고시를 준비하려 했다. 검정고시로 시험을 보기 위해서는 다니던 중학교에서 성적 증명을 받아야 했다. 그래서 학교에 찾아갔더니 마침 교감선생님이 있었다.

"빠륵(내 성인 '박'의 남미식 발음으로, 선생님은 나를 이렇게 불렀다) 군, 이게 얼마만이야! 자네 동생은 우리가 매일 보는데, 자네는 왜 학교에 오질 않는 거야?"

다짜고짜 내 사정도 모른 채 버럭 화를 내는 교감선생님에게 나는 그간의 일을 찬찬히 설명했다. 그랬더니 교감선생님은 "너 같은 우등생이 낙제생 구제 시험인 검정고시를 치를 궁리를 한다고? 성적 증명은 절대로 끊어 줄 수 없으니 다시 학교로 복학하든지, 아니면 이보다 더 좋은 학교에 합격해서 전학 신청을 하러 오든지 선택해!"하며 큰소리로 호통을 치고 갔다. 난감한 상황이었다.

아버지를 위해 포기한 하버드대학교

교감선생님의 '더 좋은 학교에 합격해서 전학 신청을 하러 와라'고 했던 말이 내 머리를 떠나지 않았다. 나는 현지 사람들에게 아순시온에서 가장 들어가기 힘든 학교, 즉 가장 좋다는 중고등학교가 어디냐고 물었다. 많은 사람들이 대답하기를 아순시온 크리스천아카데미(Asuncíoon Christian Academy)라고 하였다. 그곳은 당시 선교사나 외교관 자녀들이 주로 수학했던 외국인 학교다. 영어로 수업을 진행하기 때문에 영어 시험에 합격해야만 입학 자격이 주어지는, 그 당시에는 입학하기 까다로운 학교였다.

당시만 해도 나는 영어를 배운 적이 없었다. 초등학교 때는 한국에서 한국어로 공부했고, 파라과이에 와서는 중학 과정을 이태리계 학교에서 보냈기 때문에 스페인어와 함께 이태리어를 공부했다. 그런데 새롭게 영어를 익혀 시험을 준비해야 한다는 막중한 과제에 직면했다. 부담이 컸지만, 어머니를 기쁘게 해드리겠다는 생각에 최선을 다해서 준비했다. 몇 달 동안 영문법 책을 대여섯 번 읽고 썼다. 또 《뉴스위크》와 영어사전만을 가지고 도서관에 들어가 모르는 단어는 사전에서 찾아 가며 독해를 했고, 읽고 쓰기를 반복했다.

그렇게 준비하여 치른 첫 시험에서는 불합격의 고배를 마셨다. 그러나 몇 달 후에 다시 준비하여 치른 두 번째 시험에서 합격했다. 마침내 나는 그 어렵던 아순시온 크리스천아카데미 중학교 3학년 과정에 편입했다. 어머니는 너무나 기뻐하셨다. 나도 어머니를 기쁘게 해드렸다는 생각에 기뻤고, 스스로도 성취감을 만끽할 수 있었다.

그 후 나는 성경도 끝까지 통독했다. 이사야를 읽을 때는 마음이 몹시도 뜨거워졌다. 어머니가 하나님께 자식에 대한 포기 선언을 하셨다고 말씀해 주셨을 때 흘렸던 은혜의 눈물을 거듭 경험했다.

아순시온 크리스천아카데미에 입학한 후 3년 반이 흘렀다. 나는 열심히 공부하여 선생님들의 사랑을 독차지했다. 학교는 지식에 대한 나의 갈망을 채워 주었고, 내가 궁금해했던 여러 분야에 대한 답을 충분히 제공해 주었다. 또한 K선교사님의 주선으로 주말에는 인디언 지역에 들어가서 그곳 청소년들에게 기타와 찬양을 가르치는 봉사도 했다. 나중에 그 인디언 청소년들은 순회 찬양단을 결성하여 파라과이 전역을 다니며 공연을 했다. 그 모습을 보며 기쁨과 보람을 맛볼 수 있었다.

그렇게 아순시온 크리스천아카데미 시절은 나에게 많은 기쁨을 가져다주었다. 또한 하나님께서는 우리 가정에 기적에 기적을 더하셨다. 내가 학교를 마칠 즈음 천문학적으로 불어났던 빚을 다 갚을 수 있게 해 주신 것이다. 나는 어느 덧 고등학교 졸업반이 되어 꿈에 그리던 미국 대학 진학을 목표로 준비했다. 이를 위해 미국 대학 입학 시험인 SAT를 준비했다. 연습용 참고서조차 구입할 형편이 못 되었지만 최선을 다해 준비해서 시험을 치렀다. 그리고 좋은 점수를 받았다.

학교 성적도 나쁘지 않았고, 선생님들의 좋은 추천서도 받았던 터라 이를 바탕으로 하버드대학교에 원서를 냈다. 그리고 재정을 준비하려고 했다. 그 무렵 우리 형편을 너무도 잘 아는 아버지의 지인이 내 대학 등록금을 전액 지원해 주겠다고 했다. 그러나 아버지는 망설이셨다. 아버지는 젊은 시절 채석장에서 일하며 어렵게 공부를 하시면서 자식만큼은 꼭 직접 공부시키겠다고 다짐했다고 한다. 그런데 장남인 내 대학 등록금을 지인의 도움으로 채우는 것이 마음에 걸린다고 하셨다. 물론 우리 가정이 당장 대학 등록금을 마련할 수 있는 형편은 아니었다. 아버지는 내게 어렵게 말을 꺼내셨다.

"지금 하고 있는 사업이 정상 괘도에 올라 우리 힘으로 등록금을 마련할 수 있을 때 대학에 가는 것이 어떻겠니?"

아버지의 말씀을 듣고 난 후 나는 하버드대학교에 입학 지원을 중단하겠다고 통보했다. 정말 가고 싶었던 꿈의 대학이었다. 그러나 장남으로서 아버지에게 젊은 시절 다짐하셨던 일들을 이루실 수 있는 기회를 드리고 싶었다. 또한 만져 보지도, 써 보지도 못했던 지인의 보증으로 인한 빚을 갚느라 수고하신 아버지께 대한 존경심도 컸다. 아버지는 우리 남매가 그늘지지 않게 그 사회의 일원으로 살아가기를 소망하셔서 보증인으로서의 책임을 다하신 것이다. 당시 파라과이 교민 사회에서는 빚보증으로 많은 사건이 일어났다. 많은 경우 빚을 변제하지 않고 버틴다든지, 이주해 버리는 경우도 있었다. 그러나 아버지, 어머니는 상황을 회피하지 않고 신실하게 채무 변제를 이행하셨다. 비록 나에게 하버드대학교는 꿈의 대학이었지만, 지금은 포기하고 아버지에게 기회를 드리면 언젠가 꼭 그 대학에 갈 수 있으리라는 희망이 있었다. 내가 입학 지원 중단 통보를 한 후에도 학교에서는 내게 세 번을 거듭해 입학 지원 절차를 지속하라고 연락해 왔다. 나는 더 이상 대학 진학 의사가 없음을 분명히 통보했다.

그동안 가족을 위해 묵묵히 한길 인생을 사셨던 아버지는 교회는 다니시지만 예수님을 인격적으로 만나지는 못하셨다. 그러

한 달란트

나 내 생각에 아버지는 그 누구보다 훌륭하셨다. 그런 아버지에게 공정한 기회가 한 번은 꼭 주어져야 한다고 거듭 생각했다.

영원한 것은 주의 말씀뿐

대학 진학을 포기한 나는 남은 졸업반 과목을 통신 과정으로 마치기로 하고 아버지가 새로 시작하신 가죽 공장으로 출근했다. 젊은 내가 기술을 더 빨리 습득할 수 있었기에 나는 아침마다 공장에 출근해 열심히 가죽 가공 기술을 익혔다.

나의 값진 젊은 날의 시간을 바쳐 일했지만 가죽 사업은 아버지의 계획대로 풀리지 않았다. 당시 파라과이에 야생동물 보호법이 국회에서 통과되면서 가죽 사업은 하향사업이 되고 말았다. 법으로 야생동물을 보호하니 포획할 수 없었기 때문에 당연히 가죽은 생산조차 할 수 없었다. 실망에 실망을 더해 날이 갈수록 가죽 사업을 대하는 나의 태도는 아집으로 굳어졌다. 대학까지 포기하며 투자한 나의 시간들이 아니던가. 어떻게 해서라도 돈을 벌어야 한다는 보상심리가 계속해서 마음을 어지럽혔다.

그러던 어느 날, 나는 심신기력부진으로 일어날 힘조차 없어서 자리에 몸져눕고 말았다. 그러면서도 내 마음은 오기로라도 꼭 공장에 나가려고 하고 있었다. 무거운 몸을 일으켜 세면대 앞에 섰는데, 하나님의 말씀이 들렸다.

"그러므로 모든 육체는 풀과 같고…"

그때만 해도 정확한 구절은 기억나지 않았다. 그저 어디서 많이 들어 본 말씀이라고만 생각했다. 이 말씀은 그 소리가 크고 강한 바람처럼 내 가슴을 쳤다. 신기하게도 나는 그 강한 말씀의 힘에 의해 바닥에 내동댕이쳐졌다. 다시 방으로 돌아온 나는 영문도 모른 채 계속 눈물만 쏟았다. 입으로는 억울하다는 말만 되뇌었다. 뭐가 그리 억울했을까? 마르는 풀과 떨어지는 꽃이 나 같아서였을까? 아니면 대학 진학을 포기하면서까지 아버지를 돕고자 노력했는데 그 노력이 허사가 되어서였을까?

정체를 알 수 없는 감정과 마음의 혼란이 나를 감쌌다. 아주 천천히 나는 그 억울함의 정체가 무엇인지를 깨달았다. 맞다. 나는 가치 있는 일을 추구하고 있지 않았다. 물론 처음에는 아버지와 가정을 위해 내 시간을 드려 헌신하리라는 순수한 동기가 있었다. 그러나 사업이 계획대로 추진되지 않고 내가 들인 노력에 비해 좋은 결과가 돌아오지 않자 나는 오기가 생기기 시작했다. '내가 포기한 대학, 그것이 얼마나 귀한 소망이었는데, 그 값진 것을 팔아 투자한 사업인데 어떻게 이럴 수 있단 말인가' 하는 생각으로 머릿속이 가득했다. 시작은 아버지의 사업이었지만, 내 안에서는 상실한 나의 꿈을 보상받는 도구로 삼고 있었던 것이다. 그리고 그 보상은 경제적으로 보란 듯이 일어서는 것이어야 했다. 이미 내 마음에 그렇게 못을 박았다. 나를 무시하는 파라과이 사람들 앞에 우뚝 서고 싶었고, 가정의 경제도 탄탄하게 올려놓고 싶었다. 그런데 그 계획에 차질이 생기자 내 안은 점점 분함으로 가득 찼다. 사실 내가 무기력증에 빠진 것도 억울함, 상실감, 분함이 더 이상 스스로를 지탱할 수 없는 지경에 이르렀기 때문이었다.

그것이 깨달아졌기에 억울했다. 내가 분함과 오기로 가득하다 시들어져 썩어 가는 삶을 추구했다는 사실에 오열했다. 그리고 하나님께 이제 영원한 것을 위해 살겠다고, 비록 내 몸이 시들고 지는 날이 오겠지만 영원히 가치 있는 것을 추구며 산다면 최소한 후회는 없을 것이라고 울부짖었다. 그러면서 그날 내 가슴을 친 말씀이 다시 생각났다.

> 그러므로 모든 육체는 풀과 같고 그 모든 영광은 풀의 꽃과 같
> 으니 풀은 마르고 꽃은 떨어지되 오직 주의 말씀은 세세토록
> 있도다 하였으니 너희에게 전한 복음이 곧 이 말씀이니라 벧전
> 1:24-25

그때는 이 말씀이 무엇을 뜻하는지 정확히는 몰랐지만, 그럼에도 가느다란 한 줄기 빛이 되어 마음을 진정하고 생각을 가다듬게 해 주었다. 무언가 길이 있을 것 같았다. 나는 바로 자세를 고쳐 잡고 일어나 앉아 기도했다.

"하나님, 내 가슴을 친 말씀이 하나님의 음성이라 믿습니다. 그리고 '주의 말씀'이 곧 내가 추구해야 할 영원한 것임을 알게 되었으니, 내가 그리 할 수 있도록 길을 열어 주십시오."

그날 이후에도 나는 이 말씀을 좌우명 삼아 계속해서 기도했다. 영원한 것을 추구하는 길은 말씀을 받고 복음을 전하는 자로 사는 것이라는 소망의 씨앗을 품고 준비하며 기도했다.

비록 내 몸이 시들고 지는 날이 오겠지만
영원히 가치 있는 것을 추구하며 산다면
최소한 후회는 없을 것이다.

6.   하나님이 허락하신 길을 가로막을 것은 없다

두려워하지 말라 내가 너와 함께 함이라 놀라지 말라 나는 네
하나님이 됨이라 내가 너를 굳세게 하리라 참으로 너를 도와
주리라 참으로 나의 의로운 오른손으로 너를 붙들리라 사 41:10

_ 청년부 기도회의 시작

베드로전서 1장 24-25절 말씀을 통해 받은 하늘의 비전은 나
의 일상을 바꾸어 놓았다. 그 비전은 나에게 소망을 품도록 인
도하였다. 현실적으로 보면 무엇을 꿈꿀 수도, 계획할 수도 없는
환경이었지만 말씀은 알지 못하는 방향으로 나를 인도하고 있
었다.

비전을 품게 된 후 나는 공장 일을 마치고 귀가한 후 교회에
들러 저녁 9시부터 두세 시간씩 개인 기도 시간을 가졌다. 나는
더 이상 마르는 풀, 지는 꽃이 아닌 영원한 말씀을 따르는 삶을
살도록 하나님께서 인도해 주시기를 구했다.

다행히 교회는 우리 집 바로 길 건너에 있었다. 그 길 이름은

'거룩한 믿음'이라는 뜻의 '산타페'(Santa Fé)였는데, 길을 건너면서 나름대로 의미를 부여했던 기억이 난다. 교회 옆이 담임목사님 댁이었다. 목사님은 내가 교회를 자유롭게 출입할 수 있도록 열쇠를 마련해 주었다.

특히 나를 붙들어 준 것은 이사야 41장 10절 말씀과 43장 1-3절 말씀이었다. 그 말씀들은 살아 운동력이 있어 나의 영과 혼을 쪼개기까지 하여 하나님께서 나를 지키고 계심을 체험케 해 주었다. 현실은 나를 두렵고 회피하고 싶게 만들었지만, 말씀은 그런 내게 두려워하지 말라 하시고 나와 함께하시며 도우신다고 하셨다. 궁극적으로는 하나님이 나의 구원자이시니 하나님 한분만으로 충분하다는 믿음도 싹텄다.

> 야곱아 너를 창조하신 여호와께서 지금 말씀하시느니라 이스라엘아 너를 지으신 이가 말씀하시느니라 너는 두려워하지 말라 내가 너를 구속하였고 내가 너를 지명하여 불렀나니 너는 내 것이라 네가 물 가운데로 지날 때에 내가 너와 함께 할 것이라 강을 건널 때에 물이 너를 침몰하지 못할 것이며 네가 불 가운데로 지날 때에 타지도 아니할 것이요 불꽃이 너를 사르지도 못하리니 대저 나는 여호와 네 하나님이요 이스라엘의 거룩한 이요 네 구원자임이라 내가 애굽을 너의 속량물로, 구스와 스바를 너를 대신하여 주었노라 사 43:1-3

나 혼자 교회에서 매일 밤을 기도로 지새우던 어느 날이었다. 교회 청년부 회장인 내가 매일 저녁마다 교회에서 기도한다는 소문이 나면서 몇몇 청년들이 합류하여 매일 밤 기도회가 열렸다. 한번은 한 남매가 기도회에 합류했다. 그들은 파라과이로 이민 온 지 얼마 안 되었고, 처음 예수를 믿고자 우리 교회를 찾았다고 했다. 그날은 마침 교회에 다니기는 했지만 신앙이 전혀 없던 K도 술에 취한 채 예배당 뒷자리에 앉아서 기도회를 지켜보고 있었다.

그러던 중에 K는 한국에서 온 남매 중의 누나인 S 옆에 다가가 자기를 위해 기도해 주기를 부탁했다. S는 K를 위해 간절히 기도하기 시작했다. 그런데 느닷없이 S의 호흡과 말소리가 커지고 혀가 꼬이는 소리를 내는가 싶더니 어느새 크고 유창한 스페인어로 세계 선교와 복음화를 위해 기도하기 시작했다. 정말 믿을 수 없는 사건이었다. 스페인어라곤 이제 안부를 주고받을 정도밖에 구사하지 못했던 이민 초년생이 어떻게 원어민과 구분이 안 될 정도의 유창한 스페인어로 기도를 한다는 말인가. 그리고 이제 교회에 발을 디딘 지 겨우 한두 달밖에 되지 않은 그녀가 어찌 그리도 구체적으로, 간절히 세계 선교와 복음화를 위해 기도할 수 있다는 말인가.

물론 가장 놀란 사람은 술에 취한 채 기도 부탁을 했던 K였다. 저 유창한 스페인어가 어디서 왔나? 나를 위한 기도를 부탁했는데 세계 선교는 웬 말인가? 저 자매가 왜 저러나? 도대체 누가 내 기도를 바꾸었나? 그런 생각으로 머리가 복잡해졌던 것 같다. K는 슬그머니 그 자리를 빠져나갔다.

기도 시간이 끝나고 나가 보니 K가 교회 입구 마당 벤치에 누워 있었다. 눈이 하늘에 고정된 채로 술이 거의 깬 K가 말했다.

"성현 형, 하나님이 진짜 있나 봐요!"

K는 현재 신실한 신앙인으로 교회를 섬기며 미국에서 살고 있다. 이렇게 기도회를 통하여 나와 청년부원들은 하나님을 더 알아 가기 시작했다. 기도회는 내 어려움으로 시작했으나 하나님은 내 주위 청년 지체들과 함께 귀한 열매를 누릴 수 있도록 인도하셨다.

섬세하신 사랑으로 채우신 유학 경비

나는 학업에 대한 뜻을 구체적으로 품으며 기도했다. 무엇보다도 베드로전서 1장 24-25절에 영원하다 하신 하나님의 말씀, 즉 성경을 잘 알고 전하고 싶다는 생각이 계속 나의 기도를 떠나지 않았다. 그래서 평소 친분이 있던 파라과이 침례교 신학교 학장의 배려로 신학교 청강도 해 보았다. 그러나 해결되지 않는 갈증이 있었다. 내 좁은 소견으로는 알 수 없었던 더 나은 길을 하나님이 보여 주시리라 믿으며 계속 기도했다.

그러던 중 담임목사님이 회의차 미국에 다녀오며 귀한 정보를 알려 주셨다. 이스라엘에서 유학 중이던 어느 전도사님을 만났는데, 그분과 이스라엘 유학생활에 대하여 이야기를 나누었다는 것이다. 그러면서 내가 배우고자 하는 모든 것을 배울 수 있는 곳이 이스라엘일 것이라는 생각이 들었다고 말씀하셨다.

나를 더욱 들뜨게 한 것이 있다. 담임목사님 말에 의하면 이스라엘은 학비가 없고, 생활비가 적게 들며, 아르바이트가 가능하고, 구약 성경을 원어인 히브리어로 읽을 수 있으며, 또 영어만 잘하면 누구나 공부할 수 있는 곳이라고 했다. 이런 말들은 사막에 생수와 같은 소식이었다. 그동안 재정적인 부분이 학업을 시작하는 데 가장 큰 걸림돌이었는데, 학비와 생활비 부담이 없고 돈을 벌며 공부할 수 있다는 말을 듣자 세상을 다 가진 것 같은 기분이 들었다. 게다가 미국 계 고등학교에서 공부를 마친 나에게 영어로 공부할 수 있다는 이스라엘에 관한 소식은 엄청난 희소식이었다. 무엇보다 내 심장을 벅차게 했던 소식은 영원한 하나님의 말씀인 성경을 원어로 읽는다는 것이었다.

나중에 이스라엘에 가서야 알게 된 사실이지만 이 소식들은 구약성경을 히브리어로 읽는다는 것을 제외하고 하나같이 잘못된 것이었다. 그러나 그 잘못된 정보가 당시에는 내 마음에 큰 풍선을 단 것처럼 둥둥 떠오르게 했다. 이스라엘 유학을 계획함에 있어 조금의 주저함이나 흐트러짐 없게 하는 큰 원동력이 되었다. 만약 이스라엘이 학비가 부담이 되는 나라라는 사실을 미리 알았다면 나는 애초부터 포기하고 유학은 생각조차 하지 않았을 것이다.

하나님께서 길을 열어 주신다는 확신이 있었기에 나는 할 수 있는 최선의 노력을 게을리하지 않았다. 나는 곧바로 이스라엘에 계시다는 전도사님과 연락해 이스라엘에 어떤 대학들이 있는지, 또 성경과 관련된 공부를 할 수 있는 학과들은 어떤 것들이 있는지 소개를 받았다. 예루살렘에 있는 히브리대학교에도 편지를 보냈지만 회신은 없었다. 또 파라과이 주재 이스라엘 대사관을 찾아갔으나 어떤 정보도 얻지 못했다. 파라과이에서 지금까지 이스라엘로 유학을 간 경우가 한 사람도 없었기 때문에 그런 종류의 정보는 갖고 있지 않다고 했다. 그러나 혹시 정보가 생기면 알려 줄 테니 연락처를 남기란 말을 듣고 돌아왔다. 얼마 지나지 않아 이스라엘 대사관으로부터 소식이 왔다. 이스라엘은 입국할 때 공항에서 3개월 방문 비자를 발급해 주니 일단 가서 알아보라고 했다.

식료품점을 운영하던 시절 단골손님 중에 여행사 사장 아들이 있었다. 나는 그에게 11월 초 이스라엘로 가는 제일 싼 표를 예약해 달라고 부탁했다. 그렇게 예약된 항공편은 두 달 후 떠나는 일정이었고, 당일 11시까지만 대금을 지불하면 된다고 했다. 문제는 미국 달러로 1,950달러나 하는 편도 항공권의 가격이었다. 1986년 당시 파라과이에서 이 금액은 엄청나게 큰돈이었다. 그 당시 파라과이 의료종사자들의 임금이 미국 달러로 환산했을 때 월 35~55달러였다. 즉, 파라과이 의료종사자들의 4년 치 연봉을 고스란히 모아야 하는 엄청난 금액이었던 것이다. 나는 그 돈을 두 달 안에 마련해야 했다. 기적을 동반하지 않고는 일어날 수 없는, 어찌 보면 말이 안 되는 무모한 짓이었다.

그러나 비전을 위해 기도를 시작할 때 처음 하나님이 주셨던 이사야 41장 10절 말씀이 나를 흔들리지 않게 해 주었다. 말씀이 있었기에 나는 더욱 확신을 가지고 기도에 집중할 수 있었다. 하나님께서 의로운 오른 손으로 붙들며, 나를 도와주겠다고 하시지 않았나. 나는 하나님께서 반드시 나를 도와주시리라 믿으며, 눈에 아무 증거가 보이지 않아도 쉬지 않고 기도를 이어 나갔다.

내가 두 달 후 이스라엘로 유학을 떠날 비행기표를 예약했다는 소식이 전해지며 주위 교회 분들과 지인들이 걱정 반 격려 반의 안부를 물어 왔다. 경비는 얼마나 지불했는지 궁금해했지만 나는 한 달이 다 지날 때까지 한 푼도 마련하지 못하고 있었다. 출발 날짜를 두 주 정도 남겨놓았을 때 사람들은 도대체 이스라엘에 가는 것이 맞느냐고 물었지만, 나는 어김없이 물론 간다고 대답했다. 어느덧 출발하기 한 주가 남았을 때였다. 그때도 역시 비행기표 값을 지불하지 못했다. 청년부 임원단에서는 내 송별회를 공지하는 것이 맞느냐고 물었다. 나는 무슨 믿음에서였는지 송별회를 진행해도 좋다고 대답했다.

준비된 돈은 단 한 푼도 없었지만 점점 출발 날짜가 다가올수록 마음은 불안하기보다 평안한 것이 나는 마냥 신기했다. 떠나기로 한 날짜가 어느새 이틀 후로 다가왔다. 그날 저녁 집에 들어서니 어머니가 나를 불렀다. 어머니의 말씀을 듣고 나는 놀라지 않을 수 없었다. 드디어 내가 이스라엘에 가게 되었다는 것이

한 달란트

다. 사연인즉 이랬다.

그날 저녁 지인의 소개로 한 중국인 아주머니가 우리 집을 다녀갔는데, 그녀가 우리 가족이 가죽 공장을 했었다는 것을 알고는 상품 가치가 있는 것을 보여 달라고 물었다. 어머니는 가지고 있던 가죽 재고 몇 점을 보여 줬는데 그녀는 마음에 들어하지 않았고, 그냥 뒤돌아 나가려던 찰나에 마침 구석에 방치해 두었던 산고양이 가죽더미를 발견했다. 그녀는 그 가죽을 보고 매우 흡족해하며 구입할 의사를 비쳤다. 그 산고양이 가죽은 내가 가죽 가공 기술을 익히기 위해서 연습용으로 사용했다가 방치해 둔 것들이었다. 어머니는 그것은 폐품이라 팔 수 있는 품질이 못된다고 거듭 설명했는데, 그녀는 그 가죽이 아주 마음에 든다면서 돈을 강제로 어머니에게 떠안기고 훔치듯 가죽 더미를 들고 떠나 버렸다는 것이다. 어머니는 그 가죽이 내 것이었으니 돈 역시 내 돈이라며 나에게 건네주셨다. 봉투를 열어 보니 무려 1,500달러가 들어 있었다. 하나님의 공급하시는 손길에 나는 놀라움을 금할 수 없었다.

처음에 재정 준비도 없이 비행기표를 무작정 예약하는 것이 무모한 도전 같았지만 하나님은 생각지도 못한 곳에서 재정을 채우셨다. 그것도 내 연습용 가죽 공예품을 통해서 말이다. 가죽 공장에서 2년 여의 시간을 헛되게 보낸 것 같아 많이 힘들었는데, 결국은 그 시간들을 통해서 하나님을 새롭게 만났다. 또 하늘의 비전을 새롭게 품을 수 있었고, 이러한 기적을 체험했으니 헛된 시간이 아니었다는 큰 위로를 받았다. 하나님이 우리에게 베풀어 주시는 사랑은 마냥 주는 것이 아니다. 사랑의 대상인 우리를 섬세하게 살피고 배려해 주시는 사랑이다. 그 사랑에 고개가 절로 숙여졌다.

다음 날 저녁, 교회 청년부에서 나를 위한 송별회를 진행했다. 그곳에서 청년들은 내게 200달러를 후원해 주었다. 송별회를 마치고 집에 왔을 때는 집사님 두 분이 찾아와서는 교회 장년들을 대신해 들르셨다며 무려 500달러를 주셨다. 기적의 연속이란 말을 이럴 때 써야 하는구나 싶은 생각이 들었다. 지금까지 아버지의 빚보증으로 가정의 재정난을 경험했는데, 이번에는 하나님께서 그 어려웠던 시간을 위로하시는 것 같아 마냥 기뻤다. 그렇게 나는 떠나는 날 아침 여행사에 비행기표 대금을 넉넉하게 지불할 수 있었다.

내 실수도 한 번에 해결하실 수 있는 분

이스라엘로 떠나는 날 아침, 어머니와 여동생은 내가 가져갈 짐이라며 커다란 이민가방을 건네셨다. 거기에 우리 공장에서 만든 가죽 가방 하나, 여선교회에서 마련해 주었다는 300달러까지 손에 쥐어 주셨다. 또 제품업을 하는 지인이 두고 갔다며 아래위 파란색 옷을 주시기에 갈아입고 서둘러 공항으로 향했다. 공항에 도착해 보니, 백여 명도 더 되는 많은 분이 공항에 배웅을 나와 주었다. 나는 다시 한번 머리 숙여 배웅 온 모든 분께 인사한 후 비행기에 올랐다.

　이륙하는 비행기의 창밖으로 점점 아득해지는 파라과이의 마지막 전경을 눈에 담으며 나는 지난 한 주간을 회상해 보았다. 불과 3일 전까지만 해도 단 한 푼도 없던 내가 아니었던가. 믿음으로 큰소리를 치기는 했지만 정말로 비행기에 오를 수 있을 거라고는 생각지 못했다. 실로 엄청난 사건이 일어났던 일주일이었다.

　식품점을 운영하던 시절 단골손님 중에 치과의사가 있었는데, 내가 멀리 간다는 소식을 듣고 이별 선물로 나중에 문제가 될 치아라며 사랑니를 빼 주었다. 하루에 두 개씩 이틀간 네 개를 뽑는 바람에 비행기 안에서도 계속 진통제를 먹어야 했다. 그렇지만 하나님께서 여러 지체들을 통해서 보여 주신 큰 사랑은 치통조차도 하찮아질 만큼 나를 한껏 들뜨게 만들었다.

　당시 나는 프랑크푸르트를 경유하는 여정이었다. 이왕 경유하게 되었으니 그토록 그리던 괴테의 생가를 방문하기로 했다. 정말이지 너무도 설레는 일정이었다. 그런데 막상 프랑크푸르트 시내에 도착하니 문을 연 상점이 하나도 없었다. 괴테의 생가는 방문하지 못하고 마인 강 주변만 맴돌다가 돌아와 호텔에서 저녁을 먹었다. 그날 밤 나는 잠이 잘 오지 않았다. 그래서 옷이나 깨끗이 빨아 입자는 생각이 들어 그날 입었던, 지인이 주신 파란 옷을 빨아 욕실에 널었다.

　한참을 뒤척이다 새벽녘이 되어 겨우 잠이 들었는데, 눈을 떠

보니 빛이 환했다. 이상하다 싶어 시계를 보니 아침 10시 20분이었다. 비행기 출발 시간보다 20분이 지났다. 너무 놀란 나는 서둘러 짐을 챙겨 공항으로 향했다. 택시에 짐을 실으며 운전사에게 내 비행기가 30분 전에 떠났으니까 빨리 가자고 부탁했다. 운전사는 잠시 나를 의아하게 바라보더니 총알같이 달려 약 20여 분 만에 공항에 도착했다.

나는 얼마나 마음이 급했는지 카트를 뽑을 생각도 못하고 무작정 짐을 끌고 이스라엘 발 카운터를 찾아갔다. 그러던 도중에 이민가방의 바퀴가 다 빠져나가고 끈 하나가 끊어졌다. 그 큰 가방을 질질 끌며 뛰고 뛰고 또 뛰었는데도 이륙 게이트는 보이지 않았다. 안내소에 물었더니 한참 더 가야 한다는 답밖에 돌아오지 않았다. 나는 하나님이 나를 위해 마련해 주신 기회를 내 실수로 망치는구나 하는 송구한 마음과, 하필 늦잠을 자다가 벌어진 상황에 대한 후회가 뒤섞인 복잡한 심경으로 너무도 힘들었다. 그래서인지 무겁고 부실한 가방의 무게는 나를 그리 힘들게 하지 않았다.

가까스로 게이트에 도착했다. 계단으로 내려가야 하는데 가방이 문제였다. 나는 사람들에게 양해를 구했다.

"비켜 주십시오. 내가 이 가방을 계단 아래로 굴려 보낼 것입니다."

무거운 이민가방을 연이어 계단 아래로 걷어차자 가방이 계단을 따라 굴러떨어졌다. 가방 안에서는 깨지고 찌그러지는 소리로 요란했다. 수많은 사람이 그 광경을 신기하게 보았다. 그런데 시선이 이상했다. 가방도 가방이지만 사람들은 나를 뚫어지게 보고 있었다. 왜 그런가 싶어 내 몸을 살폈더니 온몸이 파랗게 물들어 있었다. 전날 밤 빨아 널은 옷에서 염료가 배어 나오고 있었던 것이다. 팔, 다리, 손, 목, 양말, 신발, 모두가 새파란, 그야말로 '블루 맨'이 되어 있었다. 많은 사람 앞에서 그런 우스꽝스러운 모습으로 서 있었지만, 내 머릿속은 오직 한 가지 생각뿐이었다.

"나는 가야만 해. 돌아갈 길이 없어."

그렇게 한 시간이나 지나 나는 게이트에 도착했다. 예상대로라면 비행기는 벌써 이륙하고도 남을 시간인데 무언가 심상치 않은 일이 벌어지고 있었다. 게이트 안쪽 대기실에 수백 명의 여행자들이 불편한 표정으로 앉아 있었고, 게이트 카운터에는 세 명의 남자 승객이 항공사 직원들에게 큰소리로 무언가를 심하게 따지고 있었다. 가까이 가서 내용을 들어 보니 내가 탈 비행기가 아직 출발하지 못한 채 있었는데, 그 이유는 항공사가 항공권 초과 판매를 하는 바람에 세 승객의 자리가 부족했던 것이다. 그래서 지금 그 세 명의 승객이 언성을 높이며 따지고 있었다.

나는 어안이 벙벙하게 그 광경을 지켜보며 비행기가 아직 출발하지 않은 것에 안도의 숨을 쉬었다. 그러나 나 역시 자리가 부족해 탑승하지 못하게 되었으니 난감했다. 하나님께서 이 상황을 어떻게 풀어 가실까 하는 기대와 궁금증이 증폭되었다.

그런데 10여 분이 지났을 무렵, 한 독일인 가족이 카운터 쪽으로 오더니 자리를 양보하겠다고 나섰다. 그 가족은 딱 네 사람이었다. 덕분에 지금까지 항공사 직원에게 큰소리치던 세 사람과 내 자리가 배정되었다. 할렐루야! 나는 함성이 나오려는 것을 꾹 참았다. 하나님의 오묘하신 일하심에 새삼 경이로움이 느껴졌다. 나는 늦잠을 자는 실수를 했지만, 하나님은 그런 나의 실수까지 한 번에 해결해 주셨다.

놀라움은 거기서 끝나지 않았다. 내가 게이트까지 낑낑대며 끌고 왔던 가방은 자그마치 126킬로그램이었다. 허용된 비행기 수하물의 무게는 24킬로그램 내외인데, 나의 짐은 무려 다섯 배가 넘는 어마어마한 무게였다. 보통은 초과금으로 2,000달러 정도를 지급해야 했다. 그런데 이미 이륙 시간을 두 시간이나 지체한 상황에서 직원들은 더 이상 문제를 만들고 싶어 하지 않는 눈치였다. 여직원은 항공권 초과 판매로 불편을 끼친 것, 두 시간을 기다리게 한 것을 모두 감안해 초과금 없이 짐을 부쳐 주겠다고 내게 말했다. 물론 나는 그 자리에 10여 분 밖에 있지 않았지만, 그 직원은 내가 두 시간 내내 발이 묶여 있었던 것으로 생각했던 모양이다. 나의 100킬로그램이 넘는 짐은 여직원이 벨트에 올릴 수 없어서 결국 지게차가 와서 실어 갔다.

정말 믿어지지 않았다. 만약 내가 제시간에 일어나 공항에 와서 정상적으로 수속을 밟았다면 그 짐은 버려야 했을지 모를 일이었다. 그런데 단 한 푼의 초과금도 없이 그대로 이스라엘까지

갈 수 있게 된 타이밍이 기가 막혔다. 그뿐인가. 만약 내가 10분만 더 늦었더라면 그 비행기를 아예 타지 못했을 것이다. 또 하필 자리를 양보한 가족이 네 식구였다니, 놀라운 일이 한두 가지가 아니었다.

예전에 하나님의 성품을 공부할 때 그분의 전지전능하심, 거룩하심, 완전하심, 영원하심 등을 배웠지만, 지난 한 주간 하나님은 내 곁에서 나를 세밀하게 돌보아 주시는, 친밀하신 나의 아버지셨다. 나의 부족과 실수는 하나님의 은혜와 긍휼을 결코 가릴 수 없다. 하나님은 내게 허락하신 길을 끝까지 갈 수 있도록 나를 붙들어 주시는 분이다.

드디어 예루살렘으로

감사와 찬양을 가득 안고 비행기에 올라탄 나는 1986년 11월 7일 금요일 오후 4시, 이스라엘의 벤구리온 국제공항에 도착했다. 지도를 보니 예루살렘까지는 약 50킬로미터 정도 남아 있었다. 나는 일부 승객이 내리면 비행기가 다시 이륙하는 줄 알고 기다렸다. 그런데 승객이 모두 내리더니 승무원이 내게 와서 내리라고 했다. 나는 예루살렘까지 가는 표를 끊었다고 말했지만, 승무원은 그건 비행기에서 내린 후에 알아보라고 했다. 나는 영문을 모른 채 비행기에서 내려 입국수속을 밟았다.

입국 검사관이 여권에 3개월 방문 비자 스탬프를 찍어 줬다. 그걸 받아들고 짐을 찾은 후에 나는 공항 안내소를 찾아 예루살렘까지 가는 비행기는 어디에서 탈 수 있는지 물었다. 그랬더니 항공사 직원은 그런 비행 편은 없고, 이스라엘의 국제공항은 벤구리온 하나뿐이라고 설명해 주었다.

정말 난감했다. 하는 수 없이 공항에서 나와 예루살렘까지 가는 차편을 알아봤다. 공항 직원으로 보이는 사람을 붙잡고 물었더니 돌아오는 대답은 주말이라 버스가 끊겼다는 것이다. 주말이라니? 황당하기 짝이 없었다. 나는 이런 상황을 방지하기 위해 주말 하루 전, 금요일 오후에 도착하는 비행기표를 끊었던 것이다. 그런데 내가 모르는 사이에 토요일이라도 되었단 말인가? 내가 되묻자 직원은 지금은 금요일 오후가 맞고, 그렇기 때문에 주말이라고 설명해 주었다. 마침 공항 전체에 사이렌이 울렸다. 나는 전쟁이라도 난 것인가 순간 놀랐는데, 그것이 바로 이스라엘의 주말, 샤밭(안식일)의 시작을 알리는 소리였다.

망연자실 사이렌 소리를 들으며 서 있자 공항 직원은 지금 예루살렘에 가려면 택시를 대절해 가라고 권해 주었다. 가격을 물었더니 내 전 재산의 1/5을 써야 했다. 결국 나는 공항에서 멀지 않은 한 유스호스텔에서 버스가 다니는 시간까지 묵기로 결정했다. 그곳에서 나는 이사야 41장 10절 말씀이 살아서 운행하셨던 하루를 묵상하며 그토록 그리던 이스라엘에서의 첫날밤을 보냈다.

다음 날 예루살렘으로 가는 버스를 타고 40여 분을 달렸다. 갈수록 길이 가팔라지는가 싶더니 멀리 예루살렘의 전경이 펼쳐졌

한 달란트

다. 마태복음 5장 14절의 "산 위에 있는 동네"라는 구절이 문득 떠오르면서 정말 그 표현이 맞다는 생각이 들었다. 늘 사진이나 그림으로만 보았던 예루살렘이 눈앞에 펼쳐지니 정말 감격스러웠다. 이곳에서 하나님은 또 어떻게 나를 이끄실까 하는 기대감으로 가슴이 벅찼다.

네가 들어가 차지하려 하는 땅은 네가 나온 애굽 땅과 같지 아
니하니 거기에서는 너희가 파종한 후에 발로 물 대기를 채소
밭에 댐과 같이 하였거니와 너희가 건너가서 차지할 땅은 산
과 골짜기가 있어서 하늘에서 내리는 비를 흡수하는 땅이요
네 하나님 여호와께서 돌보아 주시는 땅이라 연초부터 연말까
지 네 하나님 여호와의 눈이 항상 그 위에 있느니라 신 11:10-12

기타 레슨비와 월세 50달러

예루살렘에 도착해서 한 전도사님 댁을 찾아갔다. 파라과이
시절 담임목사님이 미국 방문 중 인사를 나누었다면서 소개해
준 분이었다. 그분은 당시 히브리대학교 성서학과에서 박사과정
을 밟고 있다고 했다. 전도사님은 나를 반갑게 맞아 주었다.

이런 저런 이야기를 나누다가 전도사님은 내가 기타를 잘 친
다는 사실을 알고 대뜸 사모님에게 기타 레슨을 해 주지 않겠느
냐고 제안했다. 그러면서 레슨비로 월 50달러를 주겠다고 했다.

나는 정말 깜짝 놀랐다. 당시 50달러는 파라과이의 상위급 의료직 종사자의 월급과 맞먹는 거액이었다. 나는 감사히 그 제안을 수락했다. 이스라엘에 도착하자마자 전도사님 내외를 통해 첫 일자리를 얻은 것에 감사하고 또 감사했다.

나중에 방을 구하면서 알게 된 사실인데, 비교적 싼 동네에 방을 알아보니 월세가 70세켈이었다. 당시 환율로 50달러 정도였다. 그 사실을 알고 '아, 이러려고 내가 전도사님을 만나 기타 레슨을 하게 되었구나' 하고 깨달았다. 덕분에 집 계약도 주저함 없이 했다. 그러면서 나도 나중에 연륜이 되면 전도사님처럼 유학생들을 도와야겠다 다짐했다.

방은 예루살렘 구시가지에서 북쪽으로 약 10킬로미터 떨어진 곳에 '네베 야아콥'이라는 동네에 있었다. '야곱의 오아시스'라는 뜻이다. 옛 선지자 사무엘의 고향인 라마의 옆 동네다. 정말 신기했다. 사무엘이 밟았을 그 땅, 또 사울이 잃어버린 나귀를 찾아 헤맸을 법한 그 길을 이제 내가 걷고 있었다. 이런 감격 속에, 또 주변의 고마운 분들의 배려 가운데 나는 비교적 순조롭게 예루살렘에서의 삶을 준비했다.

불가능을 가능으로 뒤바꾸시는 하나님

히브리대학교를 찾아갔다. 당시 한국인으로서는 이스라엘에서 학부과정을 밟은 사례가 없었기 때문에 나는 직접 대학 여러 부처를 찾아다니며 이것저것을 알아봤다. 그 결과 매우 난감한 상황에 부딪혔다.

　분명 파라과이의 담임목사님을 통해 듣기로 이스라엘은 학비가 없고 생활비가 싸며 외국인이 돈 벌기가 가능하고 영어만 잘하면 누구나 공부할 수 있는 곳이라고 했다. 무엇보다 성경을 원어로 읽고 있는 나라라고 했다. 그런데 이 정보가 대부분 잘못되었다는 사실을 알기까지 그리 오랜 시간이 걸리지 않았다.

　알고 보니 이스라엘에 학비가 없다는 말은 자국민에게만 주어지는 특혜였다. 이스라엘은 남녀 모두가 의무적으로 군복무를 해야 하기에 국립대학에 진학할 경우 학비는 물론 교육세를 국가로부터 면제받는다. 그러나 나는 유대인도 아닐뿐더러 외국인이기 때문에 이런 혜택에서 제외되었다. 단, 박사과정은 논문 위주의 연구 과정이어서 따로 등록금을 책정하지 않기에 유학생이라도 등록금 부담 없이 학위과정을 밟을 수 있었다. 그러나 나처럼 학부과정을 밟고자 하는 경우엔 달랐다. 설상가상 교육세도 추가로 내야 하는 상황이었다.

　영어만 잘하면 공부할 수 있다는 것도 내게는 해당되지 않았다. 논문 위주인 박사과정을 밟는 유학생들에겐 히브리어 구사 능력이 필수 조건이 아니지만, 나처럼 학부과정을 지원할 경우 모든 강의를 히브리어로 수강해야만 했다. 따라서 반드시 히브리어를 구사할 수 있어야 입학 지원 자체가 가능했다. 그리고 이스라엘 대학입학준비과정인 메키나 과정(Mechina Program)을 필수로 이수해야 했다. 1년간 고등학교 3학년 과정에 해당하는 열두 과목을 이수함과 동시에 히브리어를 익혀 대학 입학을 준비하는 것이다. 이스라엘 자국민들은 주로 군 제대 후 대입 준비를 위해 선택적으로 이 과정을 밟는다. 유대인으로서 이스라엘에 귀환하는 젊은이들도 이 과정을 의무적으로 거치게 되어 있다. 나는 자국민도, 귀환하는 유대인도 아니었지만 이스라엘에서 대학 진학을 하기 위해서는 이 과정을 밟아야 했다.

생활비가 적게 든다는 것도 당연히 상대적인 관점이었다. 그 당시 이스라엘의 생활수준은 유럽에서는 네덜란드, 북미지역에서는 캘리포니아에 준하는 것이어서 영국, 미국 동부 등과 비교했을 때 상대적으로 생활비가 적게 든다 할 수 있었다. 그러나 상위급 의료직 종사자의 월수입 50달러인 파라과이와 비교했을 때 이스라엘은 상상도 할 수 없이 생활비가 비싼 나라였다. 그런 곳에서 월세 50달러인 방을 구한 것이 이상히 여겨질 정도다.

사실 내가 구한 방의 월세가 싼 이유가 있었다. 그 아파트에는 도서관 사서로 일하는 나이가 지긋한 여성이 혼자 살고 있었다. 프랑스계 유대인인 그녀는 오리고기를 너무 좋아해서 명절 때면 친구들을 초청해 오리 요리를 대접하는 취미가 있었다. 이 취미를 위해 실내에서 오리를 키웠는데, 나에게 세를 준 방과 연결된 뒷방이 오리를 키우는 공간이었다. 쉽게 말해 '오리 지킴이'로 내가 낙점되었던 것이다. 바람이 불 때마다 날아들던 오리 털, 바닥에 흥건한 오리 똥, 귀를 막고 또 막아도 들리는 오리 소리에 나는 아침이면 필사적으로 일찍 나갔다가 늦은 밤 막차를 타고 귀가하는 생활 패턴을 유지했다. 그런 환경임에도 나는 이스라엘에서 공부할 수 있는 것이 그저 감사하고 좋았다.

다행히 외국인으로서 돈벌이가 가능하다는 것은 부분적으로 맞았다. 외국인이어도 유학생 신분일 경우 정해진 수입 상한선 안에서 취업 활동이 가능했다. 그런데 당시 나는 관광비자로 입국한 상태였기 때문에 유학생으로 체류 신분 변경을 해야 했다. 마침 대학입학준비과정이 히브리대학교에도 설치돼 있어서 그 과정을 밟아 대입 준비도 하고 또 취직도 하면 되겠다고 생각했다.

그러나 이 계획을 쉽게 추진하지 못했다. 나는 외국인이기 때문에 등록금과 교육세를 물어야 했고, 대학입학준비과정의 전체 비용을 학년 초에 일시불로 지불해야만 했다. 당시 내게는 200달러 정도의 돈이 있었는데, 등록금의 수십 분의 일에 불과했다. 나는 재무과 직원을 만나 사정을 말하고 전체 금액을 10개월 할부로 낼 수 있게 해 달라 사정했다. 학생 신분을 얻으면 취업을 해서 다달이 등록금을 갚겠다고 했다. 그러나 재무과 직원은 난감해하며 책임자를 만나 보라고 했다. 나는 여러 번 시도 끝에 책임자를 만날 수 있었고, 간절히 설득했지만 그의 답은 단호했다. 그 후에도 몇 번을 찾아가 애원했지만, 결국 그는 직원들에게 내가 찾아오거든 문을 열어 주지 말라고 당부하기에 이르렀다.

그러는 사이 내 관광비자는 유효기간이 다해 가고 있었다. 아

무리 매 끼니를 감자로 때워도 200달러였던 잔고는 끝내 바닥이
나고 말았다. 다행히 교회 성도들이 주말예배, 구역예배 때마다
식사를 제공해 주셔서 한 주에 두 번은 포식할 수 있었고, 기타
레슨비가 집세를 해결해 주었다. 그러나 길은 보이지 않았다. 하
루하루 버티는 것이 전부였다.

이럴 바엔 차라리 파라과이로 돌아가자는 생각이 점점 커졌
다. 만약 내가 산 비행기표가 왕복 항공권이기만 했다면, 정말이
지 짐을 꾸려 파라과이로 돌아가고 말았을 것이다. 그러나 불행
인지 다행인지 당시 내가 구입한 항공권은 편도였다. 집에 전화
를 걸어 도움을 구해 볼까 생각도 했다. 그러나 우리 집의 형편
이나 상황은 누구보다 내가 잘 알고 있었다.

마침내 나는 결론을 내렸다. 되돌아갈 길은 없었다. 내게 있는
길은 오직 한 갈래 길이었다. 내가 할 수 있는 일은 앞으로 나가
는 것뿐이었다. 선택의 여지가 없었다. 나는 이스라엘에 오는 항
공권을 마련하는 과정에서도 비슷한 경험을 했었다. 밤 잠 못 이
루고 입술이 바싹타 들어 가며 뼛속까지 말라 가지 않았던가. 그
전쟁터와 같았던 기억이 이제 다시 나의 일상이 되었다.

그 후로 나는 매일 히브리대학교 재무과를 찾아가 출입문 옆
바닥에 앉아 하루를 보냈다. 재무과장은 출근하며 나를 보고, 또
퇴근하며 나를 보았다. 그러기를 몇 주, 하루는 누군가가 나를
불렀다. 그러더니 히브리대학교의 대학입학준비과정이 설치되
어 있는 로스버그스쿨(Rothberg School) 총장실에서 왔다며 나를 안

내했다. 그렇게 학교 총장과 수석 부총장을 만났다. 그들은 내 이야기를 듣고 싶다며 무슨 사정이 있느냐 물었다.

그날 오후 재무과로 지시사항이 전달됐다. 내가 할부로 등록금을 내며 학업을 시작할 수 있도록 허락해 주겠다는 내용이었다. 드디어 길이 보이기 시작했다. 그 길에는 해결해야 할 네 가지 난제가 있었다.

첫째, 이미 2월이었다. 대학입학준비과정은 이미 11월에 개강하여 이제 첫 학기가 다 끝나고 학기말 시험만 남았는데, 그 시점이 되어서야 합류하게 된 것이다. 그래서 한 주 안에 1학기에 진행한 여섯 과목의 내용을 익히고 기말 시험을 치러야 했다. 물론, 좋은 성적을 얻어야 했다. 대학입학준비과정이 끝나고 대학에 지원할 때 입시시험 성적이 50퍼센트, 대학입학준비과정 성적이 50퍼센트 반영되기 때문이다.

둘째, 나처럼 히브리어를 배워야 하는 학생들은 이미 전년도 여름학기부터 공부를 시작했다. 그렇게 하면 5, 6월경 세 과정을 마쳐 대학입시 자격을 얻게 된다. 그런데 나는 아직 히브리어 공부를 시작도 못한 상태였다. 그래서 1, 2과정을 건너뛰고 3월부터 바로 3과정에 등록해야 했다.

셋째로, 3월에 시작하는 대학입학준비과정 2학기는 전 여섯 과목 수업을 히브리어로 진행한다. 1학기는 모든 과목을 영어로 수강하지만, 2학기는 히브리어로 고등학교 수업을 받을 수 있는 정도가 되었으리라는 전제 아래 히브리어로 강의를 진행하는 것

한 달란트

이다. 나는 히브리어를 전혀 모르는 상태에서 그 여섯 과목을 수강해야 했다. 게다가 거기에서 좋은 성적을 거둬야 했다.

마지막으로, 서둘러 체류 신분 변경을 하고 일자리를 찾아 학비를 벌어야 했다. 하나같이 가능하지 않은, 무모하기 짝이 없는 프로젝트를 또 한번 나의 일상으로 끌어안아야 하는 상황에 놓인 것이다.

1987년 3월, 우여곡절 끝에 나는 산더미 같은 짐을 지고 대학 입학준비과정을 시작했다. 이를 위해 다른 학생들처럼 지정된 히브리대학교 기숙사로 거처를 옮겼다. 그 무렵 세 분의 교역자가 기숙사로 심방을 와 주었다. 그중 한 분이 처음 나에게 기타 레슨을 제안해 주신 전도사님이었다. 더는 기타 레슨을 못하게 되었고, 상황도 많이 바뀌어 있었다. 그날 오리 옆방이 아닌 기숙사 방에서 전도사님이 내게 전해 주신 말씀의 제목은 '웰컴 투 광야'였다.

"신명기 11장 10절은 '네가 들어가 차지하려 하는 땅은 네가 나온 애굽 땅과 같지 아니하니'라고 말씀합니다. 그렇습니다. 이스라엘은 애굽 땅과 같지 않습니다. 애굽에는 나일 강이 있지만, 이스라엘은 하나님이 비를 내려 주시지 않으면 마실 물이 없는, 마치 광야와 같은 땅입니다. 성현 형제는 이제 광야와 같은 땅에서의 삶을 시작한 것입니다. 광야를 잘 배우십시오."

이 메시지를 듣고 가슴이 철렁했다. 이제 시작일 뿐이라니. 광야를 잘 배우라니. 나는 이미 충분히 광야를 거쳤다고 생각했는데…. 하나님은 이리도 인정사정없는 분이신가. 도대체 광야가 무엇이기에 이러시나. 지금까지보다 시련의 강도를 한 층 더 높이기라도 하시겠단 말인가.

그해 3월부터 6월 초까지 내 일상은 한결같았다. 오전 8시부터 11시까지 히브리어 수업, 오전 11시부터 오후 4시까지 대학입학준비과정 수업을 마치면 오후 4시 반부터 새벽 12시 반까지 식당 일을 하며 생활비를 벌었다. 일을 마치고 기숙사로 돌아와 씻고 기숙사 옥상으로 올라가면 새벽 2시 무렵이 되었다. 그때부터 철야기도를 시작했다.

지금도 나는 그때를 떠올리면 나 같은 사람이 어떻게 그렇게 살 수 있었는지 의아할 정도다. 하나님이 특별히 나를 붙들어 주시지 않았다면 절대 불가능한 일이었다. 게다가 하나님은 인간의 짧은 소견으로는 불가능하기만 했던 그 네 가지 난제가 하나씩 다 해결되는 것을 목도하게 하셨다.

먼저는 교회에서 친분을 쌓은 어느 전도사님의 도움으로 호텔 구내식당에 취직해 학비를 벌 수 있었다. 그뿐만이 아니다. 입학 후 일주일 만에 치러야 했던 대학입학준비과정 1학기 기말고사에서 여섯 과목 모두 좋은 성적이 나왔다. 2학기 때도 모두 히브리어로 진행되어 이해하기 어려웠지만 훌륭한 성적을 얻었다. 1, 2과정을 밟지 못한 채 3단계를 시작해야 했던 히브리어 과정 역시 잘 마칠 수 있었다. 쉽지는 않았다. 살면서 언어에 그렇게 체기를 느껴 보기는 처음이었다. 원래 새 언어를 습득하기가 쉽지 않은 나였지만, 매일 히브리어 수업을 마칠 때면 체기가 느껴졌고 하늘이 노래졌다. 하루하루가 그야말로 고통이었다. 오죽하면 그 과정을 마치자 다시는 히브리어를 거들떠보기도 싫어질 정도였다.

하나님의 눈이 늘 나를 향해 있는 땅

대학입학준비과정을 모두 마친 6월, 나는 예루살렘 히브리대학교 문과대학에 지원했다. 필요한 모든 서류와 성적표들을 제출하고 초조히 결과를 기다렸다. 그렇게 입학 결과가 나오는 8월이 되었다. 그런데 날아온 통지는 '불합격'이었다. 도저히 믿을 수가 없었다. 지난 1년 반 동안 내가 견뎌 온 모든 것들이 물거품이 되는 것만 같았다. 나는 대학 입학 사무실에 직접 문의까지 했다. 그러나 불합격 여부를 재차 확인받았을 뿐이었다.

그날은 기도하러 옥상에 올라갈 힘도 없었다. 울 것만 같았다. 멍하게 천장만 바라보고 한참을 누워 있었다. 지난 해 2월, 파라과이에서 있었던 일들이 생각났다. 얼마나 어렵게, 그리고 많은 중보기도와 후원 가운데 출발한 길이었던가. 이러려고 그 무수한 일을 겪게 하신 건가. 어느새 나는 일어나서 하나님께 목소리를 높여 따지고 있었다.

"하나님 이리 끝나고 말 것을 다 알고 계셨습니까? 하나님은 도대체 왜 이런 영광 없는 고초를 치르도록 나를 인도하셨습니까? 내가 내 육체의 영광을 좇은 것도 아니고 하나님의 영원한 말씀을 따르고자 이 숱한 난관을 헤치고 여기까지 왔는데, 왜 노력한 만큼의 결과를 주지 않으십니까? 저는 도무지 납득할 수가 없습니다!"

마침 룸메이트가 없었으니 다행이었다. 돌이켜 보면 그것은 기도라기보다는 마치 야곱이 얍복 강가에 홀로 남아 밤을 새워 치른 씨름과 같았다.

그러기를 몇 시간, 내 마음에 변화가 일기 시작했다. 지금 이 자리에 하나님이 계시다는 확신이 점점 더해져 갔다. 씨름하듯 힘을 바짝 주었던 내 몸은 자세를 바꾸어 무릎을 꿇고 앉았다. 부르짖던 목소리는 간데없이 고요함이 깃들었다. 어느새 해가 졌다. 나는 평안한 마음으로 잠자리에 들 수 있었다. 그날 내가 올린 마지막 기도가 아직도 생생하다.

"하나님, 이제 파라과이로 돌아갈 때가 되었다 해도 괜찮습니다. 그저 오늘 나를 만나 주신 것같이 나를 늘 가까이 만나 주옵소서."

광야와 같은 땅, 하나님의 눈이 늘 나를 향해 있는 땅, 그 땅의 의미를 나는 조금씩 깨달아 가고 있었다.

네 하나님 여호와께서 돌보아 주시는 땅이라 연초부터 연말까지 네 하나님 여호와의 눈이 항상 그 위에 있느니라 신 11:12

불안하고 하나님이 느껴지지 않는 순간들이 종종 있었지만

한 달란트

하나님은 내가 선 곳에서 절대로 눈을 돌리지 않으신다는 확신이 들기 시작했다.

═ 우여곡절 끝에 도착한 합격 통지서

다음 날 아침, 사뭇 상쾌한 마음으로 대학입학준비과정 직원들을 찾아갔다. 그동안 정도 많이 들었고, 작별 인사를 하고 싶었다. 이제 파라과이로 돌아갈 준비를 해야겠다는 생각이 든 것이다.

그런데 한 직원이 나를 보더니 수석 부총장님이 나를 전날부터 찾고 있다고 가 보라 알려줬다. 나는 의아해하며 수석 부총장실로 갔다. 그리고 뜻밖의 말을 들었다. 그분은 그동안 높은 SAT 점수와 성실한 태도의 나를 눈여겨봤는데 불합격 처분이 났다는 소식에 그 이유를 알아봤다고 했다. 알고 보니 내가 제출한 고등학교 성적증명에 기독교 학교라는 점만 명시되어 있을 뿐 문교부 인가에 관한 내용이 없어서 직원이 일방적으로 무인가 학교로 간주했고, 그 때문에 지원자격 미달로 불합격 처분이 났던 것이다. 그러니 고등학교에 연락해 인가 확인서를 받아 오라고 조언해 주었다.

나는 그 길로 파라과이에 연락해 서류를 요청했고, 며칠 후 히브리대학교 입학 사무실로부터 감격의 합격 통지서를 받았다. 그때의 감격은 이루 말할 수 없었다. 만약 처음부터 합격 통지서를 받았다면 그런 감격은 없었을 것이다. 그러나 한 고비를 넘기고 받으니 감사가 배가 되었다. 곳곳에 하나님께서 나를 위해 숨겨 두신 많은 도움의 손길이 있었다는 사실을 깨달았고, 찬양의 제사를 드리지 않을 수 없었다.

그제야 나는 광야의 참 의미를 깨달았다. 광야는 큰 강이 흘러서 내 필요에 따라 물을 끌어다 쓰는 곳이 아니라 하나님이 때에 맞춰 비를 내려 주셔야만 결실할 수 있는 곳이다. 하나님은 그런 광야에서의 삶을 내게 가르쳐 주셨다. 이 땅은 하나님이 친히 농부가 되신 곳이다. 그런 이곳에서 하나님은 내게 대학 과정과 함께 광야 수업을 진행하셨다.

반복되는 시련, 좁은 문은 뭘까

내가 선택한 전공은 고전학과 역사학이었다. 학부에서 복수전공을 하도록 장려하고 있어서 그렇게 두 전공을 택했다.

다행히 학업은 무난히 따라갈 수 있었다. 장학금도 받았다. 그렇지만 어려움은 곳곳에 산적해 있었다. 그도 그럴 것이 내 히브리어 실력은 불과 한 학기를 공부한 정도였다. 히브리어가 모국어가 아닌 학부생들은 규정상 학부 1학년 때 히브리어를 6단계까지 모두 마치고 최종 시험에서 요구하는 점수를 받아야 2학년 진학이 가능했다. 나는 대학 1학년 재학 기간 동안 6단계를 마칠수는 있었지만 불행히도 최종 시험에서 요구하는 점수를 받지 못했다. 5점이 모자랐던 것이다.

나는 히브리어 교육 담당 사무실을 찾아 재시험을 보게 해 달

한 달란트

라고 부탁했다. 그 과정에서 히브리어 1, 2단계를 생략하고 3단계에서부터 시작할 수밖에 없었던 사정을 설명하게 되었는데, 담당자는 대뜸 그것이 문제의 핵심이었다고 지적해 주었다. 히브리어 습득 완성의 승패는 기초과정을 얼마나 충실히, 그리고 여유 있게 밟았는지에 거의 전적으로 달려 있다는 것이다. 그래서 다음 해부터는 모든 히브리어 교육기관에서 1단계를 1년, 2단계 이상은 각 한 학기씩 밟도록 제도가 바뀌었다고 설명해 주었다. 담당자는 그 이유도 설명해 주었다. 히브리어는 타 언어와 비교해 많이 다르기 때문에 처음 배울 때 생소함을 느끼는 사람이 많은데, 이 문제가 제대로 해결되지 않으면 체증으로 남아 결국엔 탈을 일으키고 만다는 것이다. 그러면서 담당자는 나에게 젖을 빨 시기에 고기를 먹기 시작해 생긴 증상이니 시험만 다시 봐서 해결할 문제가 아니라고 지적해 주었다.

담당자의 설명을 들으면서 나는 '체증'이라는 설명에 무릎을 탁 쳤다. 그래, 내가 당시 느끼던 감정이 바로 그것이었다. 히브리어 1, 2단계를 생략하고 바로 3단계에 들어갔던 나는 히브리어에 체해 있었다. 히브리어 교육 담당자의 고마운 배려로 시험을 다시 치를 기회를 얻었지만 역시 낙방이었다. 3점이 모자랐다. 결국 히브리어 6단계를 재수강한 후 시험에 재도전하라는 결정이 났다. 2학년 진학은 당연히 유보되었고, 장학금 관리 사무실로부터는 수여자 명단에서 제외되었다는 통보를 받았다.

나는 다시 무엇을 먹을지, 무엇을 입을지, 의식주 문제를 놓고 고민해야 하는 상황에 처했다. 장학금이 그치고 얼마 후면 기숙사 방도 비워야 했다. 그날 이후 나는 며칠을 앓아누웠다. 먹지도, 마시지도 못했다. 이 소식을 접한 주변 사람들은 나를 격려하며 고려할 수 있는 여러 방법들을 제안해 주었다. 이스라엘은 성지순례객이 많으니 전문적으로 안내직에 종사해 보는 것도 좋겠다는 조언도 있었다. 현실적으로 봤을 때 얼마든지 경제활동을 할 수 있었다. 나는 그런 제안들을 심각하게 고려해 보려고 했다. 당시 파라과이는 경제 사정이 더욱 어려운 시기였기 때문에 내가 본격적으로 경제활동을 한다면 집에도 도움이 될 수 있었을 것이다. 아니면 다시 파라과이로 돌아가 집안일을 거드는 방법도 있었다. 물론 지난 2년의 노력이 수포로 돌아갈 테니 마음이 아플 것은 두말할 필요도 없었다.

그런데 그 무렵, 호텔 구내식당에서 함께 일했던 분으로부터 연락이 왔다. 그분은 한국으로의 귀국을 한 주 앞두고 있었는데, 그 기간만이라도 자기와 함께 지내면 어떻겠느냐고 제안해 주었다. 그렇게 그 가정과 함께 한 주를 지내면서 그분 역시 나처럼 앞으로의 진로를 놓고 기도하고 있다는 사실을 알았다. 마치 동지를 얻은 것 같았다. 나는 자연스럽게 그분이 기도 응답을 받는 과정을 옆에서 지켜보며 배울 수 있었다. 내심 내게 "떨어지는 부스러기"(마 15:27) 기도 응답이 있지 않을까 기대하는 마음도 있었다.

한 주 후, 그분 가정은 이스라엘을 떠났다. 배웅을 하러 갔는데, 그분이 내게 남긴 말이 있다.

"좁은 문으로 들어가세요."

돌아오는 내내 이 말이 머리와 가슴에서 떠나지 않았다. 도대체 좁은 문이 뭘까. 성경을 찾아 읽었다.

좁은 문으로 들어가라… 생명으로 인도하는 문은 좁고 길이 협착하여 찾는 자가 적음이라 마 7:13-14

날이 저물도록 하나님께 물었다. 아둔한 내게 깨우침을 주시기를 간구했다. 성지순례 안내자로 나서는 것과 파라과이로 돌아가는 것 중 무엇이 좁은 문으로 들어가는 것일까. 아니면 내가 고려하지 않은 다른 길이 있지는 않은가. 나는 하나님께 내가 모르는 것을 가르쳐 달라고 기도했다.

이렇게 선택의 과제를 끌어안고 간절히 기도를 시작한 내게 하나님은 전혀 다른 답을 주셨다. 바로 예수께서 '좁은 문'이시라는 것이었다. 내가 그 어떤 탁월한 선택을 한다 한들, 또 내가 그 어떤 수고로 선한 결과를 얻는다 한들 그것이 나를 '생명으로 인도하는 문'이 될 수 있을까. 그 문은 오직 나를 사랑하시고 나를 위해 스스로를 열어 주신 그리스도 예수뿐이라는 사실을 깨달았다.

그날 나는 좁은 문으로 들어갈 것을 결단했다. 어떤 상황에서든 예수님 한 분만으로 만족할 것을 결단했다. 나는 몹시도 벅

찬, 그러면서도 평안한 가운데 기도를 마치고 곧 녹음기를 꺼냈다. 그리고 그날 내가 다시 붙잡은 예수, 당신만을 의지하고 당신 한 분만으로 만족하겠다는 결심을 카세트테이프 앞뒤가 꽉 차도록 녹음했다. 그 결심이 무너지지 않기를 구하는 마음으로 테이프를 파라과이의 부모님께 부쳤다. 그리고 메모를 동봉했다.

"아버지, 어머니. 혹, 후일 제가 넓은 문으로 가고자 하는 날이 오거든 이 테이프를 제게 들려주세요."

낙제생에게 장학금이 지급된 사건

다음 날 아침, 나는 장학금 담당자를 찾아갔다. 그동안 박사과정생도 아닌 나를 신경 써 주고, 1년간 여러 혜택을 받도록 선처해 주었던 학교 측과 여러 직원에게 감사의 뜻을 전하기 위해서였다.

사무실을 찾아가니 담당자는 자리를 비웠고, 그 밑에서 실무를 보던 사람이 대신 나를 맞아 주었다. 어쨌든 나는 계획했던 대로 그곳 직원들에게 감사하다는 말과, 앞으로 어떤 길을 가게 될지는 모르지만 예루살렘 히브리대학교 학생으로 공부할 수 있었던 이 1년의 경험을 귀하게 간직하겠다는 말을 전했다. 작별 인사를 하고 사무실을 나서려는데, 누군가 나를 부르는 소리가 들렸다. 처음 나를 맞아 주었던 직원이었다. 그는 내게 2학년 진학에 어떤 문제가 생긴 것인지 물었다. 내가 자초지종을 설명하자 그는 환한 얼굴로 알아볼 것이 있으니 끝이라 생각 말고 기숙사에 머물며 소식을 기다리라고 했다.

며칠 후 장학금 담당실로부터 연락이 왔다. 내게 지급하던 장학금을 1년 연장하겠다는 내용이었다. 그뿐만 아니라 등록금, 교육세, 기숙사비는 물론이고, 생활 보조비까지 더 지급한다는 내용이었다. 단, 장학금을 연장하는 1년 동안 우수한 학업 성적을 유지할 것과, 히브리어 최종 시험에서 필요한 점수를 받아야 한다고 했다. 이 조건이 지켜진다면 졸업까지 매년 동일한 장학금이 지급될 것이라고 했다.

그날의 감격과 감사를 어떻게 다 표현할 수 있을까? 낙제생에게 장학금 연장이라니. 그것도 전년보다 더 많이 말이다. 더군다나 그 장학금은 애당초 내게 해당하지 않았던 것이다. 박사과정생들을 위해 책정된 것을 학부생인 내게 예외로 적용시켜 준 것이었다. 이제 어떤 선택을 해야 하는지 고민할 필요가 없어졌다. 예수를 온전히 신뢰하며 그분 안에 거하는 것, 이것이 나의 기도여야 했다.

대학생활을 계속할 수 있게 되면서 나는 이스라엘 고고학으로 전공을 바꿔 1학년을 다시 시작했다. 사실 히브리대학교에서 공부를 시작할 때까지 나는 고고학이라는 분야 자체를 몰랐다. 그러나 대학에 진학한 후 우연히 고고학 과목을 듣게 되었는데 그동안 내가 배우고자 했던 내용을 다루는 학문이 바로 고고학이란 것을 알게 되었다.

이런 우여곡절을 거쳐 나는 예루살렘 히브리대학교에서 장학
생으로 이스라엘 고고학 및 인문학으로 학사학위를 받았다.

광야는 하나님의 눈이 늘 나를 향해 있는 땅이다.
그 땅의 의미를 나는 조금씩 깨달아 가고 있었다.

주 여호와의 영이 내게 내리셨으니 이는 여호와께서 내게 하
나님의 눈이 향해 있는 땅으로 가난한 자에게 아름다운 소식
을 전하게 하려 하심이라 나를 보내사 마음이 상한 자를 고치
며 포로된 자에게 자유를, 갇힌 자에게 놓임을 선포하며 여호
와의 은혜의 해와 우리 하나님의 보복의 날을 선포하여 모든
슬픈 자를 위로하되　사 61:1-2

_ 지금 당장 하나님이 부르신다면

이사야 61장 1절 첫 부분 "주 여호와의 영이 내게 내리셨으니"
를 원어로 읽으면 '루아흐 아도나이 엘로힘 알라이'이다. 이 구
절은 이사야서의 말씀이자 또 내가 즐겨 부르던 히브리 찬양의
첫 마디 가사이기도 하다.

히브리대학교에 입학하면서 만난 몇몇 신앙의 벗들과 함께
시작한 주중 기도 모임에서 찬양 시간에는 늘 이 곡을 부르곤 했
다. 딱히 찬양 인도자라 할 것까지는 없었지만 내가 기타를 잡은

덕에 주로 선곡을 하는 편이었고, 기회만 되면 이 곡을 불렀다. 타지 교회를 방문하여 히브리 찬양을 부를 기회가 주어지면 그때도 역시 이 곡을 불렀다. 신앙의 불모지에서 공부하는 것이 쉽지 않았기에 이 찬양으로 많은 은혜를 받았다.

이렇게 늘 즐겨 부르던 찬양의 가사였던 이사야 61장 1-3절 말씀이 내게 특별한 의미로 다가오기 시작한 것은 1993년 1월이었다. 그즈음 나는 히브리대학교에서 학부과정을 마친 후 미국에서 신학을 공부하고자 계획을 세워 나갔다. 나는 미국의 고든콘웰 신학대학원에 입학지원서를 요청했다. 1993년 가을학기에 목회학 석사과정을 시작하고자 했다.

그 무렵 나는 기숙사에서 나와 자취를 하고 있었다. 학교와 가깝고 방값이 저렴한 곳을 찾아 동예루살렘에 위치한 팔레스타인아랍교회인 나사렛교회 지하실에서 지내고 있었다. 그런데 그곳에서 어느 미국인 선교사님을 만났다. 그분은 요르단에서만 30년 넘게 사역하고 있다고 했다. 생김새로나 차림새로나 꼭 요르단 사람 같았다. 그 선교사님은 나와 같은 숙소에서 3일을 함께 지냈다. 우리는 부엌에서 처음 마주쳤는데, 서로 통성명을 한 뒤 그분이 대뜸 내게 이렇게 물었다.

"젊은이, 자네는 앞으로 무엇을 하고자 하나?"

"저는 장차 하나님의 일을 하고자 합니다."

"장차가 언제인가?"

"그것은 알 수 없지만, 현재 신학대학원 진학을 준비하고 있어서 몇 년 뒤의 일일 것 같습니다."

그분은 내가 하는 이야기를 가만히 듣다가 또 이렇게 물었다.

"그런데 만약 하나님이 지금 자네에게 일을 맡기신다면 어떻게 하겠는가?"

"물론 지금 일을 맡기시면 해야 하지만, 그럴 일은 없습니다. 저는 이제 신학대학원을 지원하고 있거든요."

"암, 암. 그렇고말고. 그런데 만약, 지금 당장 하나님이 자네를 부르신다면 어찌하겠나?"

아까와 같은 질문이었다. 나는 조금 답답하다고 느꼈던 것 같다. 그래서 전보다 더 확고한 어투로 대답했다.

"다시 말씀드리지만, 지금 당장 일하라면 해야겠지요. 그러나 그럴 일은 절대 없습니다. 저는 이제 신학대학원을 가야 하거든요."

"충분히 이해하네. 그러나 말일세, 만약에 하나님이 지금 당장이라고 말씀하신다면?"

이렇게 시작된 그분의 집요한 물음은 식사 때 부엌에서 마주칠 때마다 반복되었다. 때문에 나는 슬금슬금 그분과의 식사를 피했다. 그렇게 식사 시간에 더 이상 나와 마주칠 수 없게 되자 그분은 방문을 열어 두었다가 내가 지나가는 소리가 들리면 나와서 말을 건넸다. 그렇게 3일 내내 같은 질문과 답이 되풀이됐다. 나중에는 그분이 하루빨리 요르단으로 돌아가기를 기도했다.

한 달란트

미국인 선교사님이 요르단으로 돌아가고 얼마 안 되어 나사렛교회 담임목사님이 나를 찾았다. 목사님은 나사렛 태생의 팔레스타인인으로서 나와 비슷한 연배였는데, 당시 목회와 병행해 베들레헴 소재 바이블컬리지(Bethlehem Bible College)에서 신학 공부를 하고 있었다. 그런데 그곳 학장실에서 나를 찾는 연락이 왔다는 것이다.

목사님을 따라 목사관저에 들러 학교에 전화를 걸어 보았다. 그랬더니 그쪽에서 하는 말이 이랬다. 얼마 전 바이블컬리지와 오랜 친분이 있는 미국 선교사 한 분이 학교를 찾아왔다고 한다. 그분은 요르단에서 사역하는 선교사인데, 그가 전하기를 바이블컬리지에서 2년 넘게 기도하며 찾던 사역자가 지금 동예루살렘 나사렛교회 지하에 살고 있으니 빨리 수소문하라고 했다는 것이다. 그 사람이 바로 나였다. 아울러 그분은 내가 지금 당장이라도 사역을 시작할 준비가 되어 있다고 확답을 했단다.

나는 정말이지 어처구니가 없었다. 어떻게 남의 말을 자의적으로 해석해서 전할 수 있단 말인가. 선교사라는 사람이 말이다! 나는 다시 한번 확실하게 그 담당자에게 거듭 설명했다. 당장 하나님의 부르심이 있다면 바로 응하는 것이 맞지만, 지금 내 현실은 그렇지 못하다는 것이 내가 그 선교사님께 드린 답의 전부였다고 차근히 내 의견을 전달했다.

전화를 끊고 나니 어처구니가 없었다. 학교 쪽에서는 큰 실망

을 한 것 같았다. 나 역시 마음이 편치 않았다. 그런 상태로 며칠
을 보내야 했다. 그런데 얼마 후 다시 학교로부터 연락이 왔다.
그러면서 간곡히 부탁하기를, 단기간이라도 좋으니 꼭 도움받기
를 원한다며 만나자 제안했다. 만나는 것이야 어려울 일이 아니
기에 며칠 후 학교를 찾아갔다.

내가 지내던 나사렛교회에서 베들레헴 바이블컬리지까지 거
리는 정확하게 10킬로미터였다. 두 번 차를 타야 했다. 먼저 세
겜문 앞에서 팔레스타인 사람들이 운행하는 합승택시를 타고 예
루살렘 남단부까지 갔다. 그곳에서 도보로 검문소를 통과해 베
들레헴에 들어서면, 다시 팔레스타인 사람들이 운행하는 합승택
시로 이동해야 했다.

당시 베들레헴에는 여러 부류의 팔레스타인 사람들이 살고
있었다. 첫째, 1948년 이전 영국의 위임통치령 시절 베들레헴에
서 태어난 사람들이다. 둘째, 1948년 이스라엘이 독립하고 요르
단 왕국이 요단강 서안 지구를 합병한 후 베들레헴에서 태어난
사람들이다. 셋째, 1950년 난민수용소가 베들레헴에 세워지면서
이스라엘이 차지한 타 지역으로부터 몰려온 팔레스타인 난민이
다. 넷째, 1967년 이스라엘이 서안 지구를 점령한 후 베들레헴에
서 출생한 무국적 팔레스타인 사람들이다. 1967년 이스라엘은
요르단으로부터 서안 지구를 차지했다. 그리고 동예루살렘 팔레
스타인 사람들을 제외한 다른 어느 팔레스타인 사람에게도 거주
권을 주지 않았다. 그 결과 베들레헴의 팔레스타인 사람들은 더

이상 요르단 시민도, 이스라엘의 거주민도 아닌 난민이 되었다. 그래서 베들레헴 팔레스타인 사람들은 타 점령지역 팔레스타인 사람들과 마찬가지로 이스라엘 정부가 통행증을 발급해 주지 않는 한 서안 지구를 벗어날 수 없었다. 물론, 외국인이었던 나는 검문소 양쪽 어디에서도 통행에 별 제재를 받지 않았다.

그렇게 나는 베들레헴에 발을 디뎠다. 예전에 성지순례 팀과 함께 예수님 탄생 교회에 가 본 적이 있지만 관광을 위한 방문이었고, 이렇게 혼자 팔레스타인 난민들의 주거지역에 들어가기는 처음이었다. 솔직히 나는 팔레스타인 사람들, 특히 난민들에 대한 편견이 있었다. 비록 내가 동예루살렘의 팔레스타인아랍교회인 나사렛교회 지하에 살고는 있었지만, 그것은 어디까지나 경제적 여유가 없기 때문에 어쩔 수 없는 선택이라고 생각했다. 그래서 일시적으로 감수해야 하는, 언젠가는 벗어나야 하는 불편한 환경 정도로만 받아들였다. 팔레스타인 사람들을 품는다는 생각이나 뜻은 없었다. 더군다나 내가 이스라엘에 간 그다음 해부터 시작된 팔레스타인 난민 봉기(Intifada)때 나는 날아드는 돌에 맞기도 했었다.

그렇게 편치 않은 마음으로 나는 바이블컬리지를 방문했다. 학교 측에서는 나를 반갑게 맞아 주었고, 곧 학생들에게 성지를 가르쳐 달라는 부탁을 해 왔다. 그곳 학생들은 비록 성지에서 태어나 살고 있지만 갇힌 구역 밖을 볼 수 없는 처지였다. 그래서 학교는 그곳에서 교육을 받고 교회를 섬기고자 하는 학생들에게 자신들이 태어난 땅에 대해서 가르치기를 소망하고 있었다. 그 땅에서 하나님이 어떻게 역사하셨는지, 예수께서 어떻게 나시고, 죽으시고, 부활하셨는지를 가르쳐 줄 사람을 찾아 2년째 기도하고 있다고 했다. 안타깝게도 팔레스타인 가운데는 성서고고학을 전공한 사람이 없었다. 유대인들은 팔레스타인 사람들에게 그 지식을 나눠줄 마음이 없고, 베들레헴으로 들어오는 것조차도 두려워했다. 팔레스타인 사람들은 배우고자 해도 정해진 지역 밖으로는 나갈 수 없었다. 그러던 중 미국 선교사가 찾아와 전해준 나에 관한 소식이 얼마나 반가웠겠는가.

바이블컬리지 측에서는 이런 여러 상황을 설명하면서 나에게 단기간이라도 좋으니 학생들을 가르쳐 주지 않겠느냐고 청해 왔다. 그러면서 재정 지원은 차비가 전부라고 덧붙였다. 그곳의 모든 교수가 그렇게 가르치고 있다고 했다. 어차피 재정적인 요소는 내 결정에 어떤 영향도 미치지 않았다. 오히려 그날 하루 동안의 경험을 통해서 이 모든 과정이 하나님께서 나를 새로운 지경에 눈뜨게 하신 일이라는 사실을 발견할 수 있었다. 나는 미국에 가기 전 한 달간 학생들을 가르치겠다고 기쁘게 결정했다. 여름이면 고든콘웰 신학대학원이 있는 미국으로 가야 하고, 또 그전에 준비도 해야 하니 1월 한 달을 할애해 학생들에게 성지와 성경에 대해 가르치기로 했다. 그리고 사례비로 50달러를 약속받았다. 당시 합승택시를 타고 여섯 번 왕복하는 교통비로 딱 맞는 액수였다.

한 달란트

바이블컬리지의 수업이 시작되었고, 그곳 학생들을 만났다. 학생들은 나에게 자신들의 집, 사는 동네, 근처 유적지 등을 함께 방문해 주기를 바랐고, 나는 기꺼이 그들과 여러 곳을 방문하였다. 집에서 다닐 형편이 되지 않는 학생들은 기숙사에서 지냈는데, 그들 중에는 예수를 믿은 후 가족이나 이슬람 종교 관계자로부터 살해의 위험을 피해 와 있는 학생들도 있었다.

그곳에서 학생들과 보낸 한 달은 그야말로 내 신앙에 있어 새 지평이 열리는, 경이로운 일이었다. 내가 경험해 보지 못했던 것, 도저히 알 수 없었을 것들을 그곳의 학생들을 통해 알 수 있었다. 그들의 땅을 그들과 함께 밟으며 하나님께서 우리 모두를 들어 합력해 선을 이루신다는 생각이 들었다. 그렇게 나는 즐거운 마음으로 학생들과의 교류에 푹 빠져 있었고, 그 일을 통해 큰 보람을 느꼈다.

그리고 어느덧 한 달이 지났다. 약속한 시간이 다 되었으니 바이블컬리지에서의 사역을 마무리해야 했다. 그런데 나는 큰 고민에 빠졌다. 그곳 학생들이 도무지 내 마음에서 나가지 않는 것이었다. 그리고 마치 누군가 내 마음속에 이사야 61장 1-3절 말씀을 쉬지 않고 외치는 것만 같았다.

주 여호와의 영이 내게 내리셨으니 이는 여호와께서 내게 하나님의 눈이 향해 있는 땅으로 가난한 자에게 아름다운 소식

을 전하게 하려 하심이라 나를 보내사 마음이 상한 자를 고치
며 포로된 자에게 자유를, 갇힌 자에게 놓임을 선포하며 사 61:1

당시 상황에서 말씀이 말하는 마음이 상한 자, 포로된 자, 갇
힌 자는 다른 누구도 아닌 내가 지난 한 달간 가르치던 팔레스타
인 학생들이었다. 그런 자들에게 여호와의 은혜를 선포해야 하
는데, 지금 내 현실은 그들을 떠나야 했다.

처음 나사렛교회에서 만났던 미국인 선교사님이 떠올랐다.
그분의 "만약, 지금 당장 하나님이 자네를 부르신다면 어찌하겠
나?" 하고 물어 오던 질문은 집요하게 내 생각을 붙잡았다. 학생
들의 배우고자 하는 열정과 그 눈빛이 나를 사로잡았다. 그리고
나는 더 이상 마음 편히 이사야 61장 1-3절 말씀을 암송할 수도,
그 구절로 노래하는 찬송을 부를 수도 없게 됐다. 갈등이 길어지
는 사이에 고든콘웰 신학대학원에서는 입학동의서에 서명하여
보내라는 재촉 통지가 왔다.

내 계획을 포기하자 얻게 된 것들

고든콘웰 신학대학원과 바이블컬리지 학생들 사이에서 며칠
을 기도로 씨름한 나는 결국 입학동의서 대신 학생처장님께 한
통의 편지를 보내기로 결정했다. 고든콘웰로의 진학도 하나님의
일이기는 하지만, 하나님께서 현재 나를 팔레스타인으로 부르시
니 이곳에서 학생들과 함께하는 것이 합당하다 생각되어 입학을

한 달란트

포기한다고 알렸다. 결국 말씀이 내 진로의 방향을 틀고 이긴 사건이었다.

그런데 신기한 것은 내 계획을 포기하고 나니 마음이 굉장히 평안하고 기쁨이 넘쳤다. 말씀에 순종하여 내린 '진학 포기'라는 결정이 한층 나를 하나님께 가까이 가게 한 계기가 되었다. 자연스럽게 이사야 61장 1-3절 말씀이 담긴 찬양을 마음껏 하나님께 올려드릴 수 있었다.

놀랍게도 내가 이런 결정을 내린 때가 부활절 바로 전이었다. 하나님은 이 일 후에 세상에 둘도 없는 동역자, 아내를 만나게 해 주신 것이다. 만약 내가 미국으로 가 버렸다면 나는 지금의 아내를 영영 만나지 못했을지도 모른다.

PART

3.

작은 자여서 누리는 기쁨

모든 겸손과 온유로 하고 오래 참음으로 사랑 가운데서 서로
용납하고 평안의 매는 줄로 성령이 하나 되게 하신 것을 힘써
지키라 엡 4:2-3

= 배우자 기도와 하나님의 놀라운 응답

고든콘웰 신학대학원으로의 진학을 포기하고 바이블컬리지
에서 팔레스타인 학생들을 섬기기로 막 결단했던 당시, 나는 배
우자를 놓고 기도하고 있었다. 하나님이 만나게 하실 배우자와
함께 앞으로의 시간을 맞고 싶다는 소원이 있었다. 비록 당시 나
는 마요네즈와 양배추로 하루 두 끼를 때우던 생활능력을 자랑
하고 있었지만, 하나님은 무에서 유를 창조하시는 분이 아니시
던가. 아무것도 가진 것 없는 나를 파라과이에서 이스라엘로 부
르셔서 대학까지 마치게 하신 분의 기적을 또 한번 체험코자 열
심히 기도했다.

그러던 중, 섬기던 한인 교회의 연례 부활절 수련회가 열려 참

석하였다. 나는 이 수련회에서 아내를 처음 만났다. 유월절 수련회 기간 중 어느 오후, 혼자 산책을 하다가 우연히 '낯선 자매'와 마주쳤던 것이다. 우리는 그때 잠깐 동안 대화를 나누었다. 자매의 이름은 장현경이고, 스웨덴과 독일에서 공부했다고 했다. 그러다가 잠깐 순례했던 이스라엘이 밝고 따뜻했던 곳으로 기억에 남아 있어 오게 되었다고 했다. 현재는 이스라엘에서 화학 박사 과정을 공부하고 있다고 말해 주었다. 그날의 맑고 신선했던 공기처럼 우리의 대화도 그랬다. 현경 자매는 하나님을 무척이나 사랑하는 신실한 믿음의 소유자임을 첫 만남, 첫 대화에서 알 수 있었다.

며칠 후, 예배를 마치고 목사님 댁에 들렀다. 그런데 수련회에서 잠시 대화를 나누었던 현경 자매도 마침 목사님 댁에 와 있었다. 한국에서 성지순례 팀이 왔는데, 그 편에 어머니가 밥솥을 보냈기에 그걸 찾으러 들렀다고 했다. 덕분에 나는 현경 자매와 두 번째 만남을 가질 수 있었다.

그날 나사렛교회 지하방으로 돌아오면서 현경 자매와 나눈 두 번의 대화를 여러 번 곱씹었다. 그러면서 내가 그 자매에게 호감을 갖고 있다는 사실을 깨달았다. 양배추와 마요네즈로 저녁을 먹는 동안에도 계속해서 현경 자매 생각이 났다. 저녁 7시쯤 됐을까. 기도를 해야겠다는 마음이 강하게 들어 나사렛교회 2층 본당으로 올라가 무릎을 꿇었다.

"하나님, 제가 배우자를 위해 기도하고 있지 않습니까? 이

사람입니까? 만약 그렇다면 지금 현경 자매를 만나게 해 주옵
소서."

지금 생각하면 참으로 순전하고 무모한 기도였다. 그런데 그
짧은 기도를 마치기가 무섭게 누군가 밖에서 부르는 소리가 들
렸다. 급하게 열쇠를 챙겨 나가 봤다. 당시 나사렛교회 주변에는
가로등이 없었기 때문에 해가 지면 문단속을 잘해야 했다. 건물
에서 밖으로 향하는 문은 모두 철문이었고, 쇠스랑을 서너 번 휘
감아 자물통을 물려 잠가 두었다. 게다가 교회 주변에 주택이 있
는 것도 아니어서 해가 지면 인기척이 전혀 없었다. 그래서 저녁
시간에는 바깥의 사소한 소리도 귀에 쉽게 들어왔다. 당연히 밖
에서 나를 부르는 소리도 선명하게 들렸다.

무슨 일인가 싶어 나가 본 나는 믿을 수가 없었다. 현경 자매
가 철문 앞에 서서 내 이름을 부르고 있었던 것이다. 일단은 철
문을 열었다. 그러면서 왜 이 시간에 여기 있는지 자초지종을 물
었다. 알고 보니 버스 정류장을 못 찾아서 길을 잃었는데 마침
오전 예배 때 받았던 주보에 나사렛교회의 주소가 있기에 택시
를 타고 와서 도움을 받으려 왔다고 했다. 당시 우리가 섬기던
한인 교회에는 예배당이 없었기 때문에 토요일마다 내가 세를
얻어 지내던 나사렛교회 예배당에서 예배를 드려 왔던 것이다.
나는 현경 자매에게 터미널까지 바래다주겠으니 잠시 교회에 들
어오기를 청했다. 그리고 우리는 교회 부엌에서 잠시 대화를 나
눴다. 자매는 본당에 올라가 기도 시간도 가졌다.

시외버스 터미널로 가기 위해 나온 벤 예후다 거리는 안식일 후 몰려나온 젊은이들로 북적였다. 우리는 카쩨펠이라는 아이스크림 가게에서 밀크쉐이크와 콘을 각각 사 들고 시외버스 터미널로 향했다. 곧 터미널에 도착해 현경 자매는 연구소로 가기 위해 르호봇으로 향하는 시외버스에 올랐고, 나는 배웅을 하고 교회로 돌아왔다.

교회로 돌아와서도 나는 이것이 꿈인지 생시인지 믿을 수 없었다. 기분은 하늘을 날 듯했다. 그런데 아직도 궁금한 것이 있다. 그때 현경 자매, 그러니까 내 아내는 왜 택시를 타고 곧바로 터미널로 가자고 하지 않고 주보에 인쇄된 교회 주소를 보여 주며 그리로 가자고 했을까? 왜 굳이 교회로 와서 도움을 청하리라 생각했던 것인지 이해가 잘 안 되었다. 후에 아내에게 물었더니 자기도 왜 그랬는지 모르겠다고 한다.

겟세마네 동산 올리브나무 아래에서의 고백

그로부터 두 주 후인 4월 27일, 이스라엘 독립기념일이 돌아왔다. 공휴일이었던 터라 한인들이 예루살렘의 싸케르 공원에 모여 친목회를 갖는다는 소식이 들렸다. 아침 6시쯤 잠이 깼는데 문득 지난 번 배우자 기도를 하던 중 현경 자매가 정말 내 앞에 나타났던 일이 생각났다. 아직 자리에 누운 채 나는 다시 기도했다.

"하나님 그 사람입니까? 그렇다면 다시 한번 지금 현경 자매가 여기 오게 해 주옵소서."

마치 기드온이 확인을 받고자 두 번 하나님께 표적을 구했던 것과 흡사했다. 그 기도를 막 마쳤을 무렵 밖에서 누군가 부르는 소리가 들렸다. 벌떡 일어나 옷을 챙겨 입고 나가 보았다. 정말 믿기지 않았다. 현경 자매가 철문 너머에 서 있었다. 지난번과 마찬가지로 나는 철문을 열어 주면서 자초지종을 물었다. 한인회 행사에 여럿이 함께 올라왔는데, 시간이 많이 남기에 자신은 교회에 왔다고 했다. 공원으로 바로 가는 대신 기도도 하고 또 교회 도서실에서 책도 빌리고자 했다는 것이다. 나는 현경 자매에게 오늘 꼭 할 말이 있으니 한인 행사를 생략하고 내게 시간을 내주지 않겠느냐고 청했다.

그날 우리는 예루살렘 성곽을 함께 걸었다. 지금은 성 내부가 기독교, 아르메니아정교, 유대교, 회교 구역으로 나뉘어 있지만, 1537~1540년 사이 오스만 제국의 술레이만 대제가 축성을 지시했을 당시 성 안에는 회교도들 뿐이었고 이들을 외부 기독교인들로부터 지키기 위해 성벽을 쌓은 것이었다. 현경 자매와 나는 회각로를 따라 걷기도 하고 계단을 따라 오르내리기도 하면서 성 안의 여러 곳을 함께 보았다. 내 나름대로는 현경 자매에게 내가 사는 동네를 구경시키고 있었던 거였다.

두 시간 가량 지나 우리는 성곽을 다 돌고 기드론 골짜기를 지나 감람산 아랫자락에 이르렀다. 만국교회가 서 있는 이 곳은 전통적으로 갇-쉬마네(아람어로 '기름 틀'), 즉 겟세마네 동산이라

그런데 내가 이야기를 이어 가는 동안 두 분의 표정은 전혀 내가 기대한 것이 아님을 느낄 수 있었다. 목사님은 결혼은 그리 성급히 결정할 것이 아니라고 이야기하시며 나의 결혼과 관련하여 두 분의 생각을 나눠 주셨다. 알고 보니 목사님 내외는 한 자매를 나에게 배우자로 소개하고자 하셨다. 그 자매는 믿음의 집안에서 성장했고, 만약 결혼을 하면 앞으로 학업에 대한 재정 지원뿐만이 아니라 학업 후의 진로 또한 보장이 될 것이라고 하셨다. 물론 파라과이의 부모님 또한 잘 아는 자매였다. 목사님은 그 자매와 내 결혼에 관한 것들을 물어보기 위해 나를 찾아 온 것이라고 했다. 그러면서 일주일간 순례 계획을 잡고 다른 여러 목사님 내외와 함께 왔으니 이스라엘에 머무르는 동안 저녁 시간을 함께하자고 초대해 주었다.

호텔을 나서는데 마음이 몹시 무거웠다. 목사님 내외는 내가 신앙적으로 많이 신뢰하는 분들이었다. 그런 분들이 배우자를 위한 기도의 셋째 주가 시작하는 날 도착하셔서 다른 상대를 고려해 보라 하신 것이다. 나는 무척 혼란스러웠다. 과연 내가 우연을 하나님의 인도로 착각해 무분별한 질주를 하고 있었던 것인가. 또 그러한 나의 질주를 막기 위해 하나님이 두 분을 보내시기라도 한 것인가. 내 머릿속은 이런 저런 생각으로 마구 흐트러졌고 마음에는 평안이 사라졌다.

그런 생각을 하며 나는 바로 공중전화 부스로 향했다. 그리고 현경 자매와 내가 세운 방침에 따라 오늘 있었던 일, 그리고 내 마음 상태를 솔직하게 털어놓았다. 내가 자매에게 호감을 갖고 있음에는 변함이 없었지만, 우리가 서로의 마음의 평안을 하나님으로부터의 응답 기준으로 세워 놓았기 때문에 그렇지 못한 내 마음을 자매와 나누었다. 그날 우리의 전화통화는 짧았다. 그날 밤 나는 수화기 너머 들리던 현경 자매의 울먹이는 목소리가 머릿속에서 떠나지 않아 잠을 이루지 못했다.

그날 이후 나는 순례 팀이 갈릴리 지역을 방문하던 이틀을 제외하고 날마다 숙소에 들러 밀린 이야기들을 나눴다. 또 두 분과 함께 순례 중이신 다른 분들과도 귀한 교제를 나눴다. 더불어서 목사님 내외는 나를 만날 때마다 추천하신 자매가 얼마나 훌륭한 배우자감인지, 결혼에 있어서 서로의 집안이 얼마나 중요한지, 재정적 뒷받침이 나에게 얼마나 절실한지를 상기시켜 주었다. 그렇게 우리가 약속한 셋째 주간이 지나가고 있었다. 나는 변함없이 밤 9시에는 공중전화 부스에 들러 현경 자매에게 전화를 걸었다. 하지만 안타깝게도 그 주간 내내 마음이 평안하다는 소식을 들려주지 못했다.

셋째 주 마지막 날을 하루 앞둔 오후, 나는 버스를 타고 노천 시장인 마하네 예후다를 지나고 있었다. 내 마음은 어느 때보다 간절했다. 정말 이렇게 셋째 주를 마치는 것인가. 그동안 현경 자매를 만나면서 내가 하나님의 인도 가운데 있다고 확신한 것은 착각이었나. 그리고 현경 자매와의 인연은 여기까지인 건가. 혼란과 아쉬움이 나를 채웠다. 나는 버스 창에 머리를 대고 간절히 기도했다.

그런데 바로 그때 내가 처음 현경 자매를 만나 기도하기 시작했던 순간이 떠올랐다. 현경 자매를 마음에 두고 하나님께 기도하기까지의 그 모든 이유들이 속속들이 새롭게 다가왔다. 비록 우리는 서로 물질적으로 풍요롭지 않고, 서로의 집안으로부터 재정적 지원도 기대할 수 없는 환경에 있지만, 하나님만 바라보면 그 어떤 어려움도 헤쳐 나갈 수 있다는 확신이 생겨나기 시작했다. 이 확신은 다른 생각들을 내게서 몰아냈다. 하나님을 사랑하며 바라보는 현경 자매의 믿음이 마치 내 믿음인 것처럼 나를 한가득 채우고 있었다. 그 순간 놀랍게도 내 속에 말로 다할 수 없는 평안이, 하나님께서 주신 평안이 밀려들어 왔다. 그렇게 애타게 찾았던 평안이 마침내 회복된 것이다.

나는 잠시도 지체할 수가 없었다. 버스 기사님에게 차를 세워 달라 소리치고는 버스에서 내려 반대편 방향으로 가는 택시를 잡아탔다. 그리고 목사님 내외를 만나기 위해 호텔로 향했다. 다음날 오전이면 두 분은 파라과이로 돌아가는 일정이었기 때문에 꼭 그날 뵙고 말씀드려야 했다. 호텔에 도착해 목사님 내외를 만났다. 나는 내일 아침 떠나실 때 공항에 배웅하러 나가겠다고 이야기했다. 그리고 소개할 사람이 있다고 말씀드렸다. 물론 호텔을 나서며 현경 자매에게도 미리 연락을 해 새벽에 목사님 내외의 배웅을 위해 공항에 함께 가자고 전해 두었다.

다음 날 새벽, 현경 자매와 나는 함께 공항으로 향했다. 그리고 목사님 내외를 만나 함께 배웅했다. 비행기에 오르기 전 나는 목사님 내외에게 현경 자매는 하나님을 많이 사랑하는 단단한 믿음의 소유자이며, 일생을 함께하고 싶은 자매라고 당당하게 소개했다. 그러고 나니 목사님은 우리 둘의 앞날을 축복하며 간절히 기도해 주었다. 나중에 어머니로부터 전해들은 이야기에 의하면, 그날 사모님은 공항에 들어서는 현경 자매를 보는 순간 '성현이 짝이로구나' 하는 확신을 하나님께로부터 받았다면서, 둘이 하나님이 연결해 주신 배필이라고 이야기하셨다고 한다.

그렇게 우여곡절의 3주간 작정기도가 끝나고, 나와 현경 자매는 서로를 평생의 반려자로 확인할 수 있었다. 우리의 마음과 하나님의 마음이 합하여진 시간이었다.

하나님께서 시작하고 진행하신 결혼식

현경 자매와 나, 그리고 하나님과의 삼각관계가 평안히 세워져 감에 우리는 결혼식을 올리기로 했다. 날짜는 8월 초로 잡았다. 그 무렵 아합 시대 때 건설된 거대한 요새가 발견된 이스르엘에서 발굴 작업을 하게 되었는데, 그 일정에 맞추었다.

우리의 만남과 결혼을 하나님께 허락받았으니, 부모님께도 허락을 받아야겠기에 우리는 서로의 부모님께 편지를 드렸다. 그런 동시에 교회 성도들 앞에서도 함께 인사를 했다. 부모님의 허락을 받고 나서 5월 말이 되어 나는 이스르엘 발굴에 합류하였고 주말이면 내려와 현경 자매와 함께 에베소서를 묵상하며 결혼을 준비했다.

> 모든 겸손과 온유로 하고 오래 참음으로 사랑 가운데서 서로
> 용납하고 평안의 매는 줄로 성령이 하나 되게 하신 것을 힘써
> 지키라 엡 4:2-3

　말씀을 읽을 때 현경 자매는 늘 밑줄을 그었다. 노랑색, 빨강색, 파랑색, 성경의 모든 장이 고운 색으로 뒤덮여 갔고, 또 묵상한 내용을 기도 노트에 꼭 기록했다. 돌이켜 보면 그때 묵상한 말씀을 따라 애쓴 기억이 우리 두 사람에게 수없이 많다. 우리 가정에 재산 목록 1호를 꼽으라면 나는 주저없이 말할 수 있다. 아내의 무지개 성경과 수십 권의 기도 노트다. 우리는 매일 옛 사람을 벗어 버리고 그리스도의 사랑을 가지고 성령으로 하나 되어 하나님의 전신갑주를 취하여 가정을 잘 이뤄 나갈 수 있도록 기도했다.

　그런데 결혼식을 두 달 정도 남겨 두고 현경 자매가 갑자기 학교를 그만두어야 하는 상황이 생겼다. 우리는 현경 자매의 기숙사에서 장학금을 받아 신혼생활을 하려 했는데, 그 계획이 수포로 돌아갔다. 그렇다고 결혼을 포기할 수는 없었다. 다시 한번 죽기 살기로 하나님께 매달렸다. 하나님께서 허락하신 결혼이니 하나님께서 마무리 지으시기를 기도했다. 그리고 허둥대지 않고 믿음으로 결혼을 준비했다.

주말에 내가 예루살렘에 와서 청첩장 문구를 함께 짜고 발굴터로 돌아가면 현경 자매는 그것을 프린트하고 우편으로 부쳤다. 둘이 가진 돈과 양가 부모님으로부터 받은 것을 합하니 700달러 가까이 되었다. 드레스를 빌리고 반지를 맞추고 또 식재료를 사서 교회 분들에게 요리를 부탁하니 딱 맞는 액수였다.

　파라과이의 우리 가족과 한국의 현경 자매의 가족은 양쪽 집안 사정상 결혼식에 참석할 수 없었다. 그러나 양가는 그 어떤 가족보다도 기도로 우리 둘의 결혼을 축복하고 응원해 주었다. 또한 파라과이에서 나의 부모님은 결혼식 참석을 못하는 대신, 우리 결혼을 위해 현지에 인디오교회를 지어 헌정하셨다.

　그리하여 1993년 8월 2일에 장현경 자매와 나는 나사렛교회에서 예식을 올리고 부부가 되었다. 결혼식 날에는 교회 지체들이 신부 화장과 촬영 등으로 많이 섬겨 주었다. 담임목사님이 주례를 서 주었고, 또 다른 목사님이 신부의 손을 잡고 입장해 주었다. 청년들은 축가를 불러 주었다. 예식 사진은 러시아 출신의 발굴단 전속 사진사가 맡아 주었다. 그는 여름 내내 200구가 넘는 유골들만 찍다가 모처럼 산 사람 사진을 찍으니 자기가 살 것 같다는 소감을 나눠 주어 모두가 배꼽을 잡았다. 20여 개국 출신의 발굴단원들이 그날 버스를 대절해 단체로 우리 결혼식에 참석해 주었다. 한국 문화 중에 결혼식날 신랑이 거꾸로 매달려 발바닥을 맞는 풍습이 있는데, 그것을 무척 재미있게 봐 주었다. 신혼여행은 여행사를 운영하는 지인이 여행 상품을 선물해 주어

갈릴리로 다녀올 수 있었다.

우리는 서예루살렘에 1.5평이 조금 안 되는 지하 공간을 얻어 신혼살림을 차렸다. 비록 손에는 가진 것이 없었지만 내 마음엔 아내로 가득했고, 우리는 주님과 함께 그 시간들을 맞았다.

10

우리는 다만 각자의 역할을 감당할 뿐이다

이 복음을 위하여 그의 능력이 역사하시는 대로 내게 주신 하
나님의 은혜의 선물을 따라 내가 일꾼이 되었노라 엡 3:7

하나가 되어 복음을 위해 일한 우리

아내와 나는 함께 가정을 꾸리면서 복음을 위해 주님의 일꾼
이 되기로 작정했다. 결혼을 준비하며 아내와 함께 묵상했던 에
베소서 3장 7절 말씀을 우리 가정에 주신 말씀으로 붙들었다.

그래서인지 결혼 후 팔레스타인 학생들을 가르치는 사역에
한층 더 영적 진보가 있었다. 아내는 내가 베들레헴으로 가기 위
해 집을 떠나는 그 시간부터 수업이 끝나 집에 도착할 때까지 학
생들의 이름을 하나하나 불러 가며 나와 학생들을 위해 쉬지 않
고 기도로 지원해 주었다. 그렇게 아내는 늘 나와 하나가 되어
주었다. 현장에서 눈코 뜰 겨를 없이 수많은 상황들을 맞았지만
그때마다 아내의 기도가 배어나 많은 결실을 맺을 수 있었다. 나
는 베들레헴 바이블컬리지에서 6년 동안 성서고고학, 성서지리,

팔레스타인 역사, 베들레헴 지역학 등을 가르쳤고, 마지막 3년은 새로 신설된 관광학과에서도 가르쳤다.

1994년, 오슬로 협정(Oslo Accords) 결과 팔레스타인 자치가 여리고에서부터 시작되었다. 그 다음 해에는 팔레스타인이 자치적으로 서안 지구 안에 있는 유적지들을 관리하도록 계획이 수립되었다. 따라서 팔레스타인 안에 서둘러 관광 안내 전문 인력을 양성해야 할 필요가 생겼다. 이를 위해 바이블컬리지는 관광학과를 새롭게 설립했다. 이것은 팔레스타인 사회의 일자리 창출에도 크게 기여할 수 있는 좋은 기회였다. 회교 사회에서 기독교 학교가 범사회적으로 취업의 문을 터주고 선한 영향을 끼쳐 선교의 기반까지 닦을 수 있는 기회라 판단한 것이다. 그 일환으로 바이블컬리지의 관광학과는 입학생을 모집할 때 기독교도와 회교도를 반씩 받았다.

나는 전공이 이스라엘 고고학이기에 이 신설 과정을 기획하는 것은 물론, 관광학과 강의의 70퍼센트를 맡아야 했다. 그리고 관광지 대부분이 기독교 순례객들이 방문하는 곳이라는 점을 들어 커리큘럼의 대부분을 성경과 관련해 만들었다. 이슬람 고고학도 가르쳤다. 처음 바이블컬리지에서 가르치기 시작했을 때와 마찬가지로 학생들은 기독교도와 회교도를 막론하고 나를 따뜻이 맞아 주었고 내가 그들을 찾아 주기를 바랐다.

1997년 봄학기를 맞았다. 하루는 오후에 강의가 있어 집을 나서려는데 검문소가 닫혔다는 소식을 접했다. 뉴스를 보니 그 내용이 실시간으로 보도되고 있었다. 이스라엘 군인들과 베들레헴 팔레스타인인들이 검문소가 위치한 지점에서 격렬하게 부딪혔다고 했다. 또 보도된 내용에 따르면 이스라엘은 이에 대한 보복 조치로 베들레헴으로 공급되는 수도, 전기, 전화를 모두 차단했다는 것이다.

곧바로 학교와 통화를 시도했지만 이미 전화가 끊긴 상태였다. 나는 바로 집을 나섰다. 택시를 타고 베들레헴 예루살렘 간 검문소에 도착해 보니 그야말로 아수라장이었다. 예루살렘 쪽에선 고무탄을 계속 쏘아 댔고 베들레헴 팔레스타인 쪽에선 돌과 화염병으로 맞섰다. 수많은 이들이 피를 철철 흘리며 쓰러져 있었다. 이제껏 보지 못했던 끔찍한 상황이 이어지고 있었다. 주변 공중전화에서 학교로 전화를 걸어 봤는데 여전히 먹통이었다. 통화가 되어야 강의를 취소하기라도 할 텐데, 더욱이 절반이나 되는 학생들이 멀리서부터 강의를 들으러 올 텐데, 마음이 몹시 초조해졌다.

검문소는 전쟁터로 변하고, 길목마다 장갑차와 불도저로 막혀 있고, 학교와 연락은 되지 않아 애가 타는데 누군가 나를 부르는 소리가 들렸다. 담장 너머 팔레스타인 아주머니 한 분이 이쪽으로 건너오겠느냐 물었다. 내가 흔쾌히 그러겠다고 하니 그 아주머니는 자기 집 마당을 통해 지나가면 된다며 친절히 안내해 주었다. 나는 그 집 담을 넘고, 마당을 통해 안으로 들어갔다. 조금 가다 보니 그 옆집의 담을 넘어야 했다. 나는 옆집 사람에게 사정을 말하고 담을 넘었다. 그다음 집, 또 그다음 집도 주인에게 양해를 구하고 담을 넘었다.

그렇게 수많은 담을 넘고 또 넘었다. 시작할 때는 몰랐는데 정말 가도 가도 끝이 보이지 않았다. 시간도 정말 많이 드는 일이었다. 어느새 해가 지고, 내 몸은 땀과 흙으로 범벅이 되어 있었다. 내가 왜 이곳에서 이런 꼴을 하고 있어야 하나, 왜 이 '짓'을 시작했을까 싶은 마음이 들었다. 더군다나 강의 시작은 오후 4시인데, 이미 8시를 지나고 있었다. 학생들이 남아 있으리라고는 도저히 생각할 수 없는 시간이었다. 그렇다고 왔던 길을 돌아가자니 막막할 따름이었다.

우리는 당신이 꼭 올 줄 알고 있었습니다

우여곡절 끝에 학교에 이르렀다. 학교는 깜깜한 채 아무 인기척이 없었다. 당연한 일이었다. 나는 '그러면 그렇지' 하고 혼잣말을 되뇌면서, 그래도 혹시나 싶어 강의실 문을 열어 봤다. 그런데 정말 깜짝 놀라고 말았다. 어두운 방 안에 더 새까만 실루엣들이 눈에 들어왔다. 수강생 스무 명 전원이 그 안에서 나를 기다리고 있었던 것이다. 기다린 시간만 무려 네 시간이었다. 나는 너무 놀라 왜 여기들 있느냐고 물었다. 그러자 학생들이 되물었다.

"그런 선생님은 왜 여기에 왔습니까?"

그들은 흙과 땀으로 범벅이 된 나를 얼싸안고 반겨 주었다. 그러면서 말했다.

"우리는 당신이 꼭 올 줄 알았습니다."

앞서 언급했던 것처럼, 나를 기다려 주었던 학생의 절반은 회교도였다. 그럼에도 나는 그 학생들과 내 생에 느껴 보지 못했던 진한 신뢰를 쌓을 수 있었다. 나는 그들 모두 내가 믿는 예수를 진정으로 알아 가기를 소망했다. 가르침의 소명을 다하기를 다시 한번 하나님께 올려 드렸다.

작은 불씨에서 시작한 복음의 불길

관광학과 1회 졸업생들이 수강한 마지막 과목은 예수의 생애였다. 당연히 내용 중에는 복음 제시가 포함되어 있었다. 아마도 학생들은 학기가 무르익어 갈수록 언젠가 내가 그들에게 복음을 제시할 것이라 짐작했을 것이다. 회교 학생들의 반발이 예상되기는 했지만, 그래도 예정되어 있던 강의였기에 나는 지인들에게 중보기도를 부탁했다. 아내는 함께 금식하며 이 중요한 강의를 위해 기도했다.

그날 강의를 마무리하면서, 마지막 즈음에 나는 많은 중보기도에 힘입어 복음을 제시했다. 예수님은 하나님의 아들로서 이 땅에 오셔서 우리를 위해 십자가에서 죽으시고 부활하셨으며,

그 공로로만 우리가 하나님 나라에 들어갈 수 있다고, 예수님만이 곧 길이요 진리요 생명이심을 선포했다. 그날 회교도 학생들은 세 시간 내내 모두 자리에 일어선 채로 내 강의를 들었다. 예수가 하나님의 아들 되심을 설명하는 내 강의 내용에 동의할 수는 없으나, 나에 대한 존경심과 우정의 표현으로 강의실을 나가지는 않았고, 대신 거부의 뜻을 밝히기는 해야겠기에 일어서서 듣겠다는 것이었다. 그러다 강의 끝 부분에 이르자 결국 한 학생이 참다못해 밖으로 나가려 했는데, 다른 회교도 학생이 그를 불러 세워 문 밖에서 마저 수강하게 했다. 이렇게 팽팽한 영적 긴장 상태 속에 강의를 다 마쳤다. 서서 강의를 듣던 학생들은 나를 끌어안고 물었다.

"꼭 이렇게 했어야 했나요? 이 시간 때문에 그동안 우리가 쌓은 신뢰와 정이 상할 수도 있었어요."

사실 나도 마음이 아팠다. 그러나 이 강의를 개설하신 분은 하나님이시고, 그분의 뜻을 이루는 것이 나의 사명이기에 예수를 선포해야만 했다. 그렇게 학생들은 모든 과정을 마쳤고 이스라엘 관광성과 팔레스타인 관광성이 함께 주관한 자격 시험을 전원 통과해 팔레스타인 최초의 관광 안내원들이 되었다.

몇 주 후에 동료에게 마지막 강의 시간에 뛰쳐나가 복도에서 수강했던 학생에 관한 소식을 들었다.

"마지막 강의 시간에 한 학생이 강의실을 나갔다며? 다음 날 새벽에 그 학생이 나를 찾아왔어. 자네 강의 때문에 무척 마음

아팠다더군. '어떻게 예수 때문에 그동안 쌓은 정을 저버릴 수 있단 말인가'라고 생각하며 잠이 들었는데, 이른 새벽 느닷없이 환한 빛이 비치며 흰 옷을 입고 얼굴은 바라볼 수 없는 이가 그의 앞에 나타나 이렇게 묻더래. '사랑하는 아들아, 네가 어찌하여 나를 박해하느냐.' 그 학생이 화들짝 놀라 잠에서 깼고, 동이 트는 대로 마침 같은 동네에 사는 나를 찾아온 거야. 그러면서 그 학생이 실망과 난감함이 교차한 표정으로 묻기를 '내게 말씀하신 분이 예수님이 정말 맞느냐'고 하기에 '그렇다'고 말해 주었어. 자기가 믿어 온 회교의 가르침이 틀렸다는 사실이 크나큰 충격과 실망을 가져다 준 것 같아. 그러면서 그 학생은 자기가 앞으로 어떻게 예수를 대해야 하는지 가르쳐 달라 부탁하더군."

많은 회교도가 꿈을 통해 예수님을 만난다는 이야기를 들었다. 그런데 실제 그런 기적의 체험을 가까운 곳에서 목격했다. 실로 놀라운 일이다. 이 사건을 통해 내 사명은 내가 만난 구세주 예수를 전하는 일이라는 사실을 다시금 깨달았다. 그리고 복음을 전하고 회심하게 하는 이 모든 일은 성령께서 하신다는 사실을 마음에 새겼다.

처음 관광학과를 신설할 즈음 이 계획을 위해 지원군이 한 명 도착했는데, 놀랍게도 내가 잘 아는 사람이었다. 다름 아닌 요르단에서 사역하는, 나에게 하나님의 소명에 대해 질문을 던졌던 그 미국 선교사님이었다. 나는 그분을 반갑게 맞으며 나를 기억하느냐고 물었다. 6년 전 내게 집요하게 던진 그 질문이 동기가 되어 내가 이곳에서 이렇게 학생들을 가르치게 되었다고 말이다. 그런데 뜻밖에도 선교사님은 나를 기억하지 못했다. 6년 전 그 나사렛교회에서 묵은 것은 기억하면서도 나와 있었던 일은 전혀 기억나지 않는다며 내게 미안하다고 사과했다. 정말 신기한 일이다.

그러나 선교사님은 신실하게 주님의 일을 완수했다. 또 한 명의 선교사를 낳는 불씨 역할을 잘 감당했으니 말이다. 우리도 마찬가지다. 그때 우리는 모두 '주 여호와의 영이' 우리에게 내리심으로 각자 주어진 역할을 감당하고 있었던 것이다. 그 영은 오늘도 우리를 고치시고 자유케 하시며 위로하시고 찬송의 옷을 입히신다.

당신은 유대인 편이 아닙니까

베들레헴 바이블컬리지에서 나는 일주일에 한 번 학생들을 만났다. 시간이 지날수록 우리 관계는 점차 스승과 제자를 넘어 형제애로 발전해 갔다. 학생들은 우리 가족을 집으로 초대하여 그들의 전통 음식을 대접해 주었고, 우리도 학생들과 한국 음식을 나누며 돈독한 관계를 유지했다. 수업을 따라오지 못하는 학생은 따로 시간을 내어 나머지 공부도 했다. 그들의 실력 향상을 위해 기도하면서 언제나 그들을 돕고자 했다.

하루는 헤브론에 살고 있는 회교도 학생의 집에 우리 가족이 함께 방문했다. 식사를 마친 후에 그 학생이 진지하게 나에게 물었다.

"선생님은 유대인 쪽에서 학사, 석사 공부를 했습니다. 그러니 유대인 편에 선 그들의 대변자가 아닙니까? 우리 팔레스타인 사람들을 볼 때 유대인의 시선으로 보고 있는 것 아닙니까?"

그 질문을 듣고 마음이 많이 아팠다. 물론 나는 제 3자이기 때문에 유대인의 아픔도, 팔레스타인의 상처도 다 이해할 수 없다. 다만 짧막한 경험으로 머리로만 알고 있을 뿐이었다. 그런 나를 어느 편이라고 단정지을 수 있을까? 나는 그런 내 입장을 분명히 이야기하면서 그 누구의 편도 아니라고 설명했다. 아울러서 성경과 하나님을 더 알기 위해 예수께서 사역하신 땅에 와서 공부하는 것이 나의 소명일 뿐이라고 잘 이해시켰다.

그렇게 조금은 힘든 대화를 마치고 집으로 돌아와 아내와 함께 간구하였다. 역대상 4장 10절의 야베스의 기도처럼 우리의 지경을 넓혀 달라고, 그리하여 좀 더 큰 안목으로 갇힌 자와 포로 된 자를 더 잘 섬길 수 있도록 준비시켜 달라고, 필요하다면 이스라엘이 아닌 다른 곳에서 다음 걸음을 내딛을 수 있기를 기도했다.

야베스가 이스라엘 하나님께 아뢰어 이르되 주께서 내게 복을 주시려거든 나의 지역을 넓히시고 주의 손으로 나를 도우사 나로 환난을 벗어나 내게 근심이 없게 하옵소서 하였더니 하나님이 그가 구하는 것을 허락하셨더라 대상 4:10

한 달란트

주 여호와의 영은 오늘도 우리를 고치시고 자유케 하시며
위로하시고 찬송의 옷을 입히신다.

11

나는 믿음이 없었고 하나님은 응답하셨다

연회장은 물로 된 포도주를 맛보고도 어디서 났는지 알지 못
하되 물 떠온 하인들은 알더라… 요 2:9

인생의 멘토가 되어 준 성경의 여인들

1992년 10월, 나는 한국을 떠나 스웨덴의 수도인 스톡홀름으
로 향했다. 그곳의 카롤린스카 연구소에서 박사과정을 밟기 위
해서였다.

스웨덴은 겨울의 하루 평균 일조량이 두세 시간 남짓한 나라
다. 처음 일주일은 그런 스웨덴의 날씨가 운치가 있어 좋다고 생
각했다. 워낙 구름 끼고 흐린 날씨를 좋아했기 때문에 나쁘지 않
았다. 그런데 2주 정도가 지나니 날씨가 사람을 매우 우울하게
했다. 특히 겨울이 되면 일조량이 굉장히 적어졌기 때문에 나는
12월이 되면서 날씨가 좋은 이스라엘로 성지순례를 가기로 마음
을 먹었다. 스웨덴에 비해 이스라엘은 해가 종일 쨍쨍 비추는 천
국 같은 나라였다.

정말이지 꿈에도 그리던 성지순례였다. 처음 유학을 떠날 때만 해도 나는 크나큰 꿈을 안고 스웨덴에 왔다. 그런데 녹록치 않은 현실에 계속해서 부딪혔다. 그런 힘든 마음으로 떠나서였는지 성지 순례를 하며 방문하는 장소마다 큰 은혜를 받았다.

특히 가나혼인잔치교회를 방문했을 때가 가장 기억에 남았다. 그 당시 나는 성경의 여인들에 많은 관심을 가지고 말씀을 묵상하고 있었다. 민수기 27장에 등장하는 슬로보앗의 딸들, 말라, 노아, 호글라, 밀가, 디르사다를 보며 묵은 관습에 담대히 맞서는 용기를 배우고 싶었고, 열왕기상 5장에 등장하는 나아만 장군의 시녀를 보면서는 신실함을 닮고 싶었다. 자색 옷감 장사를 하며 바울과 함께 빌립보교회를 개척했던 루디아, 새벽에 예수님의 무덤에 간 여인들을 보면서 관습에 얽매이지 않고 좀 더 독립적이고 자주적인 여인을 꿈꾸었다. 자연스럽게 결혼은 내가 가야 할 길은 아니라는 편견 비슷한 생각이 자리 잡았다.

그러다 성지순례를 떠나기 전 교회에서 친하게 지내던 자매의 가정을 가까이에서 볼 기회가 있었다. 그 가정이 내가 결혼을 긍정적으로 생각하게 되는 계기가 되었다. 나중에 성경을 보니 시어머니를 잘 모셨던 룻이나, 이름은 나오지 않지만 남편 오벧에돔을 신실하게 내조한 그의 아내, 적장을 물리친 헤벨의 아내 이방인 야엘 같은 여인들이 눈에 띄었다.

특히 나는 룻을 많이 묵상했다. 남편이 죽었음에도 시어머니의 하나님을 자신도 섬기겠다고 고백하며 따른 결과 예수님의 족보에 당당히 이름을 올린 그 믿음을 닮고 싶었다. 그러면서 꼭 기독교 집안의 남자와 결혼하고 싶다는 소망과 함께 시부모님에게 효도해야겠다는 생각도 했다. 그렇게 배우자를 선택하는 데 믿음이 중요한 요소로 자리 잡게 되었다.

이 모든 것을 갖춘 사람이 있을까

성지순례 팀과 함께 가나혼인잔치교회를 방문했다. 교회에 들어서자 입구에 순례객들이 기도문을 놓고 가는 제단과 그림이 있었다. 안내자의 설명을 듣고 나는 그동안 기도해 왔던 배우자에 대한 기도 제목을 적었다. 그 목록은 다음과 같았다.

1. 외국어를 잘하는 배우자. (내가 언어에 재능이 없어서다.)
2. 선교에 헌신한 배우자.
3. 어머니는 권사님, 아버지는 장로님이신 믿음의 가정에서 성장한 배우자.
4. 예수님을 무척이나 사랑하는 배우자.
5. 그림 보는 것을 좋아하는 배우자. (미술관에 함께 가고 싶다고 생각했다.)
6. 성격이 온유하고 느긋한 배우자.
7. 음악에 재능이 있는 배우자.
8. 머리가 똑똑한 배우자.
9. 함께 공부할 수 있는 배우자.

한 달란트

10. 여행을 좋아하는 배우자.

11. 가정예배를 함께 드릴 수 있는 배우자.

12. 나와 음식 취향이 맞는 배우자.

13. 나를 아주 예뻐해 줄 수 있는 배우자.

14. 내가 하는 일을 지지해 주는 배우자.

15. 정리정돈을 잘하는 배우자.

16. 몸과 마음이 건강한 배우자.

이렇게 배우자에 관한 열여섯 가지 기도 제목을 적어서 간절히 기도했다. 그리고 기도문을 놓고 가는 제단에 내 것도 놓고 나왔다.

기도를 올리기는 했지만 믿음이 약한 나는 이것이 모두 이루어질 거라는 확신이 들지 않았다. 또한, 이 모든 것을 갖춘 사람이 과연 있을까 하는 의심이 들기도 했다.

하나님이 아니라 하시면 아닌 것

성지순례를 마치고 스웨덴으로 돌아왔지만 나는 여러 상황으로 거취를 독일로 옮겨야 했다. 그러다가 이스라엘로 옮겨 박사 과정을 밟게 됐다. 성지순례를 갔을 때 이스라엘에 좋은 기억이 있기도 했고, 희망하는 연구소가 있었기 때문이다.

이스라엘에서 생활한 지 얼마 지나지 않아 갈릴리에서 전교인 수련회가 열린다는 소식을 들었다. 은혜를 갈망하며 참석했던 수련회에서 지금의 박성현 형제를 처음 만났다. 처음 본 성현 형제의 인상은 그 전에 만났던 사람들과는 사뭇 달랐다. 순수함 그 자체의 청년이었다. 성현 형제와 나는 처음 만났지만 동갑이어서였는지 신기하게도 말이 잘 통했다. 그는 박사과정을 하러 온 나와 달리 갓 대학을 졸업했다고 수줍게 말했다. 그 모습을 보면서 하나님의 선한 백성이라는 인상이 마음에 강하게 남았다.

그 일이 있은 후 나는 연구소 근처에서 생활하면서 이스라엘의 안식일인 토요일이 되면 예루살렘에 있는 교회에서 예배를 드렸다. 평일에는 연구소에 있는 시간 외에 혼자 말씀 보고 기도하며 외로운 외국생활을 나름대로 잘 견뎌 냈다.

그러던 어느 날, 한국에서 엄마가 성지순례 팀을 통해 전기밥솥을 보냈다는 소식을 들었다. 그리고 그것을 교회 목사님 댁에 맡겨 두었다기에 찾으러 갔다. 그런데 집으로 돌아가는 길에 버스 정류장을 찾다가 길을 잃었다. 무작정 택시를 잡아타고 운전사에게 교회 주보를 보여 주었다. 그렇게 가게 된 곳이 성현 형제가 살고 있던 나사렛교회였다. 지금 생각해 보면 내가 왜 그때 운전사에게 버스터미널로 가 달라고 하지 않고 교회 주보를 보여줬는지 모르겠다. 아마도 하나님이 그렇게 인도하셨던 것이 아닐까 생각한다.

이스라엘 국경일인 독립기념일에 한인 체육대회가 열렸다. 나역시 참석하기는 했지만, 그곳에 모인 사람들이 나와 나이가 비

한 달란트

숫하다고 하더라도 대부분 기혼 여성들이었기 때문에 미혼으로 혼자 공부하러 온 나는 그 틈에서 좀처럼 어울리지 못했다. 결국 조용한 곳에서 책을 읽거나 기도할 생각으로 교회로 갔다. 그런데 문이 굳게 닫혀 있었다. 혹시나 싶은 마음으로 성현 형제를 불러 봤다. 조금 후에 성현 형제가 문을 열고 나왔다.

내심 나는 성현 형제와 함께 책을 읽고 신앙에 관한 이야기를 나누며 시간을 보냈으면 하는 마음이 있었다. 마침 성현 형제도 그날 시간이 허락되어서, 우리는 예루살렘 성벽을 함께 걸으며 이야기를 나누었다. 그날 겟세마네 동산 감람나무 아래에서 성현 형제는 내게 호감이 있다는 이야기와 함께 교제해 보면 어떻겠느냐고 제안했다. 우리는 3주간 서로가 하나님께서 맺어 주신 짝인지 확인하는 작정기도를 하기로 하였다.

그날 이후로 우리는 매일 전화로 서로의 신앙생활을 격려하면서 함께 기도했다. 정말 꿈 같은 시간이었다. 그러다 3주째 되는 날, 성현 형제가 존경하는 목사님 이야기를 해 주었다. 그분이 이스라엘에 방문했는데, 내가 아닌 다른 여성 분과의 결혼을 추천했다고 말이다.

몹시 마음이 아프고 평안이 사라졌다. 그러나 마음을 가라앉히고 생각해 보니 그 목사님 이야기가 틀리지 않았다. 성현 형제가 좀 더 믿음이 좋은 집안의 여성을 만난다면 교회 사역을 하는 데도 도움을 얻을 수 있을 테니, 하나님께서 허락하시는 배우자는 내가 아니라 그녀일 수도 있겠다는 생각이 들었다. 이 모든

일은 하나님께서 주관하시니 모든 것으로 합력해 선을 이루실
것이라 믿었다. 그러자 점점 마음의 평정심을 찾을 수 있었다.
하나님께서 아니라 하시면 아닌 것이기에 그냥 하나님의 결정에
만 내 눈을 고정시키기로 했다.

하나님과 나만 아는 은밀한 비밀

나도 성현 형제를 사랑하는 마음이 컸지만 하나님으로부터의
확실한 허락을 받아야 한다고 생각했다. 상황을 전개시켜 가는
것은 서로의 마음뿐만이 아니라 하나님의 간섭하심이므로 중요
한 요인으로 작용해야 한다고 생각했다.

목사님 내외가 이스라엘을 떠나기 전날 성현 형제로부터 함
께 공항으로 배웅 가자는 연락을 받았다. 그가 하나님의 마음을
품어 내린 어떤 결심이 있었겠지만, 나 역시 그날 하나님의 허락
을 받았다. 물론 내가 세상적으로 성현 형제에게 해줄 수 있는
것은 아무것도 없지만, 나의 생을 온전히 하나님께 내어 드리고
그분의 크신 도우심을 구한다면 하나님께서 책임지실 것이라는
마음의 확신이 들었던 것이다.

세상 잣대로 보면 누구 하나 잘난 것 없고 재정적으로도 부족
한 우리 둘이 만나 결혼한다는 것은 어리석고 무능해 보일 수 있
다. '뭐 먹고 살려고 하느냐', '철부지들이 결혼을 하겠다고 하느
냐' 하는 이야기를 한들 반박할 말이 없었을 것이다. 나 역시 지
금 생각해 보면 어떻게 인생에 있어 크나큰 결정을 그렇게 서슴

없이 내리고 실천할 수 있었을까 싶다. 하나님의 간섭하심이 없었다면 있을 수 없는 일이었다. 하나님이 계셨기에 아무 거칠 것 없다는 마음의 확신으로 우리는 결혼을 생각할 수 있었다.

한국에 있는 가족에게 연락했을 때 엄마는 크게 실망하셨다. 공부하라고 유학 보냈더니 나보다 학력도 낮은 남자와 결혼을 하려고 하느냐며 허락할 수 없다고 말씀하셨다. 나는 성현 형제의 학력이 문제가 되리라고는 생각도 하지 못했다. 그러나 내가 간곡하게 이야기하자 엄마는 그 당시 출석하고 있던 장충교회 담임목사님에게 기도 부탁을 하셨다. 그리고 일주일 후 목사님이 응답을 받으셨다며, 하나님께서 현경이를 위해 준비해 놓으신 짝을 지금 만난 것이라고 말씀하셨다고 한다. 이 기도 응답은 결혼 반대를 외치던 엄마의 결심을 꺾어 놓았다. 엄마는 나와 성현 형제의 결혼을 허락해 주셨다. 그렇게 하나님께서는 우리를 서로의 짝으로 허락하셔서 결혼이라는 하나님의 거룩한 제도 안에 발을 들여놓을 수 있게 하셨다.

가나혼인잔치교회를 방문하고 기도문을 놓고 온지 8개월 후에 하나님께서는 내 기도에 응답해 주셨다. 이런 사람이 있을까 하는 믿음 없는 생각으로 적었던 열여섯 가지 배우자를 위한 기도 제목 목록에 빗나감 없이 꼭 맞는 사람을 남편감으로 보내 주신 것이다. 성현 형제는 오랫동안 외국에서 살았기 때문에 외국어에 능통했고, 선교에 헌신하고 있었으며, 그 집안도 기독교 집안으로 부모님 모두 하나님을 믿는 분이었다. 거기다 음악에도 재능이 있어 늘 아름다운 목소리로 하나님을 찬양했고, 고고학을 전공해서인지 그림 보는 것을 무척 즐거워했다. 거기다 나와 식성도 비슷했고, 내가 요리한 음식을 굉장히 좋아해 주었다. 정말 신기하게도 성현 형제는 열여섯 가지 기도 제목에 적힌 그대로의 사람이었다. 가장 신기한 것은 나는 정리정돈에는 정말 아무 재능 없는 사람인데 성현 형제는 정리정돈의 달인이라 할 만했다. 책과 옷을 색깔별, 크기별로 정리하는 것이 정말 놀라웠다. 그런 성현 형제를 보면서 나를 위해 하나님께서 준비해 주신 배우자란 확신이 들었다.

내 기도에 신실하게 응답해 주신 하나님께 너무도 감사했지만 송구한 마음도 컸다. 하나님은 어쩌면 이토록 자상하시고, 모든 면에 완벽하신 것일까? 아무 생각 없이 적은 기도문 같았지만 그것은 하나님의 완벽한 간섭하심이었고, 나를 위한 배려이며 사랑 그 자체였다.

나는 한편으로 가나의 혼인잔치에서 물 떠온 하인들의 마음을 묵상해 보았다. 주님이 물독을 가져오라는 명령을 하셨을 때 그들의 심정이 어떠했을까? 만약 그것은 물이라고 반발하며 연회장에 내놓지 않았다면 어떤 일이 일어났을까? 시키니 그 일을 하기는 하지만 한편으로는 상식으로 따져 보고자 하는 마음이 있었을 수도 있다. 의심이 들었을 수도 있다. 하지만 하인들은 충실히 본인의 일을 수행했다. 그 결과 상상하지 못했던 일이 일어났다. 그들은 다른 사람은 알지 못하는 하늘의 비밀스러운 기

한 달란트

적을 체험한 현장의 증인이 되었다. 그 후에 하인들은 상식을 운운하며 의심했던 자신이 하나님 앞에 송구했을 수도 있다. 기적을 체험한 것에는 하나님을 환호하며 찬양했을 것이다. 이것은 다른 누구도 모르는, 오직 하나님과 하인이었던 본인만 아는 은밀한 비밀이었을 것이다.

결혼에 대한 기도 응답을 받고 난 후 내 심정은 가나의 혼인 잔치에서 기적을 체험한 하인들과 같았다. 하나님의 신실하심에 탄복하며 감사했지만, 그분을 전적으로 의지하지 못하고 의심했던 나의 믿음 없음이 한없이 죄송하였다. 하지만 혼인잔치의 하인들이 알았던 것처럼, 나도 이제는 하나님의 전지전능하심을 확실히 알게 되었다. 그 후에는 믿음이 조금씩 더 성장했다. 하나님과 나만 아는 은밀한 비밀이 내게도 생겼다.

곧 많은 이방 사람들이 가며 이르기를 오라 우리가 여호와의
산에 올라가서 야곱의 하나님의 전에 이르자 그가 그의 도를
가지고 우리에게 가르치실 것이니라 우리가 그의 길로 행하리
라 하리니 이는 율법이 시온에서부터 나올 것이요 여호와의
말씀이 예루살렘에서부터 나올 것임이라 미4:2

부도난 수표 다섯 장

결혼을 하고 찾아온 난관 중 하나는 가난이었다. 나는 결혼 두
달 전 사정상 공부를 그만둬야 했다. 남편은 석사과정을 하며 바
이블컬리지에서 학생들을 가르쳤다. 그러던 1994년 11월, 첫 아
이 다니엘이 태어났다. 그러나 키울 수 있는 형편이 되지 않아
5개월 된 아이를 미국 캘리포니아의 시댁에 맡겨야 했다. 그 당
시 시댁은 파라과이에서 미국 캘리포니아로 재 이민을 가셨다.
그리고 나는 박사과정을 위해 예루살렘 히브리대학교에 지원하
고자 준비를 했다.

1995년 8월, 아직 박사과정을 시작하기 전이었는데, 매달 집세와 생활비에 쪼들리던 중 급기야 은행에서 연락이 왔다. 우리가 발행한 수표 다섯 개가 자금이 충분치 않아서 처리되지 못했고, 앞으로는 은행을 이용하지 못하는 블랙리스트 고객이 될 거라는 내용이었다.

청천벽력 같은 소리에 남편과 나는 망연자실한 채 서로 바라보았다. 그러다가 이대로 주저앉을 수 없다는 생각에 기도회를 하기로 결정하고, 저녁 금식을 하며 재정을 위해 기도를 시작했다. 열왕기하 4장 1-7절의 과부의 기름병을 채우신 말씀으로 우리 가정의 빈 재정 기름병도 하나님께서 채워 주실 것을 목이 터져라 통성으로 기도하였다.

그런데 기도회를 시작한 지 세 시간 쯤 지나자 하나님께서 우리의 기도를 세계 선교로 바꾸기 시작하셨다. 남편과 나는 자금이 바닥난 다섯 장의 수표를 채워 주시기를 기도했는데, 정작 기도의 흐름은 세계 선교와 선교사들을 위한 방향으로 틀어진 것이다.

한 시간 정도 기도의 방향으로 갈등하며 헤매고 있는데, 남편은 이것은 하나님의 뜻이니 세계 선교를 위해 기도하기를 제안하였다. 그 시간부터 우리는 이스라엘에서 시작해 세계를 한 바퀴 돌며 기도했다. 선교사들의 건강, 선교의 방향, 현지 지도자 양성 등을 주제로 우리가 생각지도 못한 기도가 터져 나왔다. 그렇게 다음 날 아침 6시까지 밤샘 철야기도를 했다. 이 모든 것이 하나님께서 기도할 수 있게 은혜를 허락하셨기에 가능했다.

밤샘 기도를 은혜 가운데 마쳤지만, 아침이 되니 믿음이 약한 우리는 현실의 은행 문제가 마음에 부담이 되었다. 결국 우리는 은행 업무가 시작되는 9시까지 기다렸다가 은행으로 달려갔다. 사정이라도 해볼 생각이었다. 번호표를 받고, 은행원과 마주앉아서 우리 계좌를 살펴봤다. 그런데 은행원이 하는 말이, 어제 연락은 경고였고, 아직은 블랙리스트가 아니라고 했다. 하지만 앞으로 다섯 개 이상의 수표가 되돌아온다면 블랙리스트에 올라가, 은행 거래가 정지될 것이라고 알려 주었다. 우리는 은행에서 서로를 바라보며 안도의 한숨을 쉬었다. 더불어 하나님께서 이 모든 상황을 허락하셨고, 우리에게 가르치고자 하신 큰 뜻이 있다는 것을 알게 되었다.

내 코가 석자인데 J선교사에게 주라니

은행에서 돌아와 쉬고 있는데, 한국에 사는 남편의 지인으로부터 연락이 왔다. 예루살렘을 방문했는데, 만나자는 연락이었다. 다음 날은 저녁에 남편이 선교부장으로 섬기고 있는 한인 교회에서 남편의 주선으로 하이파에서 선교활동을 하시는 선교사님을 모시고 세미나가 예정되어 있었다. 그래서 지인과는 늦은 오후에 만나기로 약속을 잡았다.

그 지인은 남편과 오래전 인연이 있었던 사람으로, 생활비로 어려웠던 우리 사정은 알지 못했다. 그런데 헤어질 즈음 생활비에 보태라며 우리에게 200달러를 주는 것이다. 처음에는 남에게 받는 돈이 어색할 뿐더러 쑥스럽기도 하여 호기롭게 거절했다. 하지만 결국 감사하게 받을 수밖에 없었다. 우리는 지인과 헤어져 예정되어 있던 세미나 장소로 갔다.

교회에 도착하여 세미나 개회 준비를 마치고, 선교사님과 인사를 한 후 세미나를 들으려고 자리를 잡고 앉았다. 그런데 그때 하나님의 음성이 마음에 들리기 시작했다.

"너희가 오늘 받은 200달러는 너희 것이 아니고, 오늘 세미나 강사인 J선교사의 몫이다. 그러니 그 돈을 J선교사에게 전해 주어라."

생각지도 못한 말이었다. 그 음성은 강하고, 또렷하게 마음에 울렸기 때문에 의심의 여지가 없었다. 그때 나는 너무 놀라우면서 동시에 믿고 싶지 않았다. 지난 몇 주간 재정 사정이 안 좋아 집세도 못 냈다. 냉장고고 텅텅 비어 있었다. 그래서 나는 이 200달러를 가지고 집세도 내고, 먹을 것도 사리라 마음먹으면서 들떠 있었다. 그런데 이 돈을 J선교사님에게 주라니, 순종하기 싫은 하나님의 음성이었다. 어떤 사람들은 하나님의 음성과 자신의 마음속 음성을 혼동한다고 하는데, 그런 것이 아닐까도 생각해 봤다. 그러나 이 음성은 선한 것이었다. 나에게서는 그런 선한 것이 나올 수가 없었다. 의심할 여지가 없는 분명한 하나님 음성이었다.

세미나가 시작되고, 거의 한 시간 동안 나는 하나님께 반항하고 투정부리면서 말싸움을 했다. 주머니에 있는 두 장의 100달러짜리 지폐를 손으로 만지작거리며 갈등하고 있었다.

"나는 못 줍니다. 나도 이 돈 쓸 데가 있는데 어떻게 그러실 수가 있습니까?"

그렇게 나는 반문하며 짜증을 섞어 가면서 투정을 부렸다. 한 시간이 어떻게 지나갔는지도 모르게 세미나가 끝났다. 나는 결국 하나님의 명령에 순종하기로 했다.

세미나가 끝나자마자 나는 J선교사님에게 가서 "이거 선교사님 거예요. 받으세요" 하고 200달러를 손에 쥐어 주었다. 그리고 교회 밖으로 나와 남편이 나오기를 기다리면서 울었다. 물론 J선교사님이 우리보다 더 급하니 하나님께서 전하라고 하셨겠지만, 그냥 슬펐다. 남편과 집으로 오는 길에 세미나 중에 있었던 일을 이야기했다. 남편은 나보다는 담담하게 "우리 것이 아니었네" 했다. 그 밤도 배고픔으로 하루를 마무리하고 잠이 들었다.

그런데 이른 아침 8시쯤에 또 한 통의 전화가 왔다. 이번에는 남편이 파라과이에서 살 때 알게 된 지인이 예루살렘에 왔다며 만나자고 했다. 웬일로 멀리서 아는 사람들이 연달아 오는지 모를 일이었다. 어쨌든 지인이 묵는 호텔에서 즐겁게 만남을 마쳤다.

그런데 헤어질 즈음 밖으로 배웅을 나온 지인이 기도 중에 준비했다며 봉투를 하나 건넸다. 그는 우리가 거절도 못하게 봉투를 주자마자 바로 자리를 벗어나 버렸다. 집에 와서 봉투를 열어 보니 600달러(육십만 원)라는 거금이 들어 있었다. 남편과 나는 서로를 바라보며 놀라움을 금할 수 없었다.

그때 우리가 나눈 첫 마디는 "하나님께 죄송해서 어쩌지?"였다. 정말 하나님께 창피하고 송구한 마음이 들었다. 이렇게까지 우리를 돌보시는데, 어찌하여 나는 바로 순종치 못했을까? 200달러를 J선교사에게 얼마나 주기 싫었으면 한 시간이나 투정을 부렸을까? 나의 믿음 없음이 정말 한심하고 부끄러웠다. 그렇지만 한편으로는 하나님께서 나를 장성한 분량까지 올려놓으시기 위해 큰 그림을 그리며 훈련시키신다는 사실에 감사했다. 그분의 오묘하고 탁월한 지혜와 전지전능하심에 또 한번 고개가 숙여졌다.

이튿날, 남편과 함께 재정을 공급해 주신 하나님께 감사예배를 드리고, 지인 분께도 다시 한번 감사 인사를 전했다. 그리고 알차게 그 재정을 사용할 수 있었다. 한 달 후에 나는 히브리대학교 의과대학 의료 화학 박사과정에 입학해서 장학금을 받으며 실험실 조교로 일하게 되었다. 이것으로 가정 재정을 감당할 수 있게 되어 정말 감사했다.

이러한 일련의 경험은 우리를 매일 가정예배를 드리도록 인도했다. 더불어 하나님의 인도하심이 없으면 살 수 없는 지경에 이르게 하셨다.

— 왜 나를 살려 두셨을까

히브리대학교에 입학한 후, 가족 기숙사를 배정받기 전에 살던 곳은 학교에 가려면 매일 아침 버스를 타야 했다. 버스로 한 30분 정도 걸리는 거리로, 집 근처 버스 정류장에서 아침 8시 20분 버스를 타면 마하네 예후다 시장과 예루살렘 버스터미널을 지나가는 경로였다.

1996년 2월 25일이었다. 그날따라 아침에 늦잠을 자느라 8시 20분 버스를 놓쳤다. 그래서 9시 버스를 타고자 마음먹고 있었다. 그런데 얼마 후에 버스 정류장에 사람들이 모여 웅성거리기 시작했다. 버스도 예정된 시간을 훌쩍 넘겨 9시 20분쯤 도착했다. 버스에 올라타니 라디오에서 뉴스가 나왔다. 예루살렘 버스터미널 근처 시장에서 폭탄 테러가 일어나서 많은 사상자가 나왔다는 것이다. 그 순간 머릿속으로 계산해 보니 내가 8시 20분 버스를 탔더라면 나도 아마 그 피해자 중에 하나였을 수도 있었겠다는 생각이 들었다. 그 근처에서 버스를 갈아타야 했으니 얼추 시간이 맞았을 것이다. 버스터미널 근처에 오니, 경찰과 종교인들이 사고 현장을 수습하고 있었다. 말문이 막힌다는 말이 실감이 났다.

여러 가지 복잡한 생각을 가지고 학교 실험실에 도착하니 먼저 와 있던 루마니아 출신 유대인인 지도교수가 나를 보자마자 안도의 숨을 쉬었다. 그러면서 이렇게 말했다.

"무섭지요? 너무 무서우면 현경의 나라로 돌아가도 돼요. 우리가 이런 일을 자주 겪어 안 무서워 보일 수도 있겠지만, 우리도 이런 생활이 너무 싫고 두려워요. 이 땅은 진정으로 평화가 필요해요"

지도교수는 자조 섞인 말로 토로했다. 그렇게 말하는 지도교수가 너무나 안타까웠다. 나는 그에게 이렇게 말했다.

"나에게 유대인은 가족이고 친구예요. 그런 당신이 있는 한 폭탄 테러 때문에 두려워서 이 땅을 떠나지는 않을 거예요. 나 역시 당신들과 같은 배를 탄 사람이에요. 훌륭한 선생님인 당신 밑에서 충분히 다 배우고, 당신이 가라 하면 그때 떠날 거예요."

그렇게 지도교수와 대화를 한 후, 우리는 서로 아무 일도 없었다는 듯이 하루를 시작했다. 나는 생전 보지도, 경험하지도 못했던 엄청난 사건을 경험하고 두려움이 엄습했지만, 똑같이 두려웠음에도 한치의 요동함 없이 침착하게 일과를 시작하는 지도교수와 히브리대학교 동료들을 보며 존경심이 느껴질 정도였다. 그런 동료들을 보며 나 역시 침착함을 유지하려 무진 애를 썼다.

그날 길었던 일과를 마치고 집에 돌아와 남편과 가정예배를 드렸다. 무서웠던 하루였지만, 다치지 않고 안전하게 해 주신 하나님께 무한 감사를 올려 드렸다. 그리고 한 가지 의문이 들었다. 왜 하나님께서는 나를 살려 두셨을까.

폭탄 테러가 벌어지고 한 달 후, 가정 예배를 드리던 중에 갑자기 예루살렘의 중심가인 벤예후다 거리에서 땅 밟기 기도를 해야겠다는 마음을 하나님께서 주셨다. 정말 뜬금없는 생각이었다. 실행하기는 더더욱 꺼려지는 황당하기 그지없는 일이었다. 만약 이스라엘 거리에서, 땅 밟기 기도라든가 혹은 기독교인으로서의 행위, 전도 등의 낌새를 종교인들이 감지하게 되면 무차별 폭행을 당할 수도 있기 때문이다.

유대인들은 오죽 예수가 싫으면 전 세계적으로 쓰이는 기원전 연도를 표기하는 BC(Before Christ, 주전)를 BCE(Before Common Era, 공통 시대 이전)로 바꾸어서 사용하고, 덧셈 기호(+)도 십자가를 상징한다고 하여 'ㅗ'로 사용한다. 그 정도로 기독교인이라면 노골적으로 싫어하고 특히 종교인들은 기독교적인 것을 거부하고 방해하려 애쓴다.

하지만 하나님께서 나를 왜 살려 주셨을까 하는 생각을 하다 보니 언제 또 이런 테러 사건이 일어나 주님 곁으로 가게 될지 모를 인생인데, 하나님의 모든 명령에 잘 순종하다가 가야 많이 혼나지는 않겠다는 생각이 들었다.

당시 벤예후다 거리는 예루살렘에서 가장 번화한 거리로, 안식일이 끝나는 토요일 저녁에는 많은 시민들이 나와 휴식을 즐기는 '핫플레이스'였다. 마침 그날 가정예배를 드리는데 하나님께서 미가서 4장 2절 말씀을 주셨다. 남편과 함께 말씀을 묵상하며 하나님께서 우리에게 말씀하시고자 하는 것이 무언지 알고자 기도했다. 미가서 말씀은 또한 내가 좋아하는 찬양인 '오라 우리가'의 모태가 되는 말씀인지라 찬양도 했다.

토요일 저녁 안식일이 풀리는 시간에 남편과 함께 벤예후다 거리에 나가 중심가를 돌며 중보기도를 시작하였다. 많은 사람이 나와서 안식일 종료를 즐기고 있었다. 우리는 그 시간에 거리를 이리저리 다니며 이스라엘의 구원과 예수님의 위로의 손길이 이 사람들에게 임하시기를 기도하였다.

그러던 중, 우리가 즐겨 찾는 리몬 카페 근처 나무에 가까이 왔을 때 문득 사람들이 모여 함께 찬양하면 좋겠다는 생각이 강하게 들었다. 신기하기도 하고 의아하기도 했다. 왜 그런 생각이 들었을까? 그냥 거리에서 하는 버스킹이 아닌, 모두 함께 하나님을 높이는 찬양을 해야겠다는 생각이 들었다. 마치 천국 잔치와 같이 부르는 자와 듣는 자들이 하나 된, 기쁨이 넘치는 거리 찬양이면 좋겠다는 생각이 계속 들었다. 황당한 이 생각이 실제로 이루어질 수 있을까 의아한 마음도 들었다. 집으로 돌아가기 위해 버스 정류장으로 발길을 옮겼다. 그날은 이렇게 땅 밟기 중보기도를 하며 영적 기대를 잔뜩 품고 집으로 돌아왔다.

그다음 주 토요일 안식일이 종료되는 시간에도 우리는 벤예후다 거리로 가서 중보기도를 했다. 지난 번 들었던 생각이 무엇을 뜻하며, 만약에 그 생각이 우리를 향한 하나님의 뜻이라면 어떻게 실행해야 할지 인도해 달라고, 미가서 4장 2절 말씀과 함께 간구하였다.

그렇게 한 달 정도 토요일 저녁마다 벤예후다 거리에 나가 기도했다. 그랬더니 거리에서 찬양을 하고 싶다는 생각이 황당하기보다는 오히려 하나님을 높여 본 적이 없고 진정한 평화를 맛보지 못했던 사람들을 위로할 수 있겠다는 생각으로 다져졌다. 당시 남편이 한인 교회에서 선교부를 담당하고 있었기에, 이 사항을 교회 중진들과 목사님께 의논하기로 하였다. 처음에는 모두들 의아해하며 불가능하다는 방향으로 이야기했다. 그러나 우리는 함께 기도했다. 그런 후 내린 결론이 예루살렘의 중심가에서 찬양을 통하여 하나님을 높이고, 더불어 평화를 갈망하는 이스라엘 사람들을 위로할 수 있는 거리 찬양을 하자는 쪽으로 뜻을 모으게 되었다.

1996년 여름, 한인 교회 교인으로 구성된 찬양단이 예루살렘 벤예후다 거리 찬양을 시작으로 텔아비브와 헤브론까지 가서 하나님을 높였다. 이 일을 통해 평화에 목말라하는 영혼을 위로하는 은혜를 체험케 하셨다. 찬양단이 거리 찬양의 시작을 알리는 곡은 미가 4장 2절 말씀을 선포하는 '오라 우리가'였다. 하나님께서 처음 비전을 주실 때 공급해 주신 말씀이 담겼기 때문에 그 뜻을 되새기는 데 많은 은혜가 되었다. 대부분의 찬양이 한국말로 드려졌으나, 영으로 드리는 찬양이기에 시민들의 호응은 폭발적이었다. 예상치 못한 반응이었다. 우리 주위를 둘러싼 사람들은 어른 아이 할 것 없이 모두 찬양에 맞추어 함께 춤추고 기

한 달란트

뻐 뛰었다. 그 장면을 바라보는 나는 말로 표현할 수 없는 커다란 은혜에 휩싸였다.

사실 거리 찬양을 위해 준비로 모이고, 기도하며, 함께했던 찬양 단원들은 혹시나 돌을 맞거나 헤코지를 당하지는 않을까 하는 우려가 있었다. 그러나 예상치 못한 시민들의 열렬한 반응은 우리를 한층 고무시켰다. 우리가 할렐루야를 외칠 때 몇몇의 사람들은 우리를 따라서 함께 할렐루야를 부르기도 했다. 실로 천국 잔치가 이런 것이겠구나 하고 느꼈던 놀라운 은혜의 시간이었다. 지금도 그때의 감동을 생각하면 몸에 전율이 느껴질 정도이다.

어떻게 우리가 그 현장에 있었을까. 지금도 의문이 든다. 하나님은 이 일이 되기까지 우리를 훈련시키셨다. 하나님의 눈으로

세상을 바라보게 하시고, 잃어버린 양들을 사랑하게 하셨다. 능력이 없음에도 그분의 일에 동참시켜 주심에 무한한 감사와 찬양을 올려 드린다. 나는 지금도 확신한다. 그날 하나님께서는 우리의 찬양을 진정으로 다 받으셨다고 말이다. 침된 평화를 갈망하며 인사까지도 샬롬으로 하는 유대인들의 영혼에 예수 그리스도의 평화가 찬양을 통하여 둥지를 틀기를 기도한다. 하나님의 때에 그들도 우리가 맛본 예수의 사랑을 받아들이리라 믿는다.

한 달란트

하나님은 우리를 하나님의 눈으로 세상을 바라보고,
잃어버린 양들을 사랑하도록 훈련시키셨다.

작고 연약한 지체들을 섬기는 일에 지경을 넓히셨다

네가 네 자신과 가르침을 살펴 이 일을 계속하라 이것을 행함
으로 네 자신과 네게 듣는 자를 구원하리라 딤전 4:16

네티비아 교인들과의 만남

한인 교회에서의 거리 찬양이 본격적인 사역으로 자리를 잡
았다. 그리고 그 무렵 하나님은 우리 부부에게 예수를 믿는 유대
인에 대한 마음을 부어 주셨다.

그동안 팔레스타인 학생들을 가르쳐 오면서 그들의 낮은 자
로서의 마음을 잘 알고 있었다. 그들은 믿음을 지키는 것만으로
도 많은 어려움을 감당하며 살아야 했다. 그러던 중 유대인 기독
교인에 대한 긍휼한 마음이 생기기 시작했고, 그들과 교제하고
자 하는 마음이 생겼다.

그 당시 팔레스타인 기독교인과 유대 기독교인의 화해 운동
회복 프로그램이 진행되는 것을 익히 들어 알고 있었다. 그 일을
하는 곳이 요셉 슐람 장로님이 목회하는 네티비아교회였다. 이

교회는 예수 믿는 유대인들의 교회로, 예루살렘 시내에 위치하고 있었다. 그리고 우리 부부는 이 교회를 섬기기로 하였다. 처음 네티비아교회에 참석하니 동양인은 우리뿐이었다. 사람들은 우리가 히브리어를 할 수 없다고 생각했는지 모두 영어로 말을 걸었다. 그때마다 히브리어로 답하니, 네티비아 교인들이 신기해하며 다가와 쉽게 친해질 수 있었다.

안식일 예배를 드리고 있는데, 동부유럽에서 이민 와 예수를 믿게 된 R할머니가 우리 가족을 안식일 저녁, 그러니까 금요일 저녁에 초대해 주었다. 그 자리에는 우리 외에 A할머니도 초대받았다. A할머니는 오래 전 핀란드에서 이민 와서 간호사로 일하다가 유대인과 결혼해서 정착했지만, 곧 미망인이 되신 분이다. 처음으로 교인에게 받은 식사 초대였기에 우리는 한껏 들뜬 마음으로 R할머니 집에 도착했다. 맛있는 동부 유럽식 식사와 함께 덤으로 두 분이 예수를 믿게 된 과정, 이스라엘에 정착한 이야기, 네티비아교회 이야기들을 들려주셨다. 잊을 수 없는 저녁 시간이 되었다.

그렇게 저녁 교제를 마치고 A할머니와 우리 가족은 집으로 가기 위해 거리로 나왔다. A할머니의 집은 우리 집에서 10분 정도 거리였기 때문에 멀지 않았다. 그런데 집으로 가는 길에 갑자기 A할머니가 다리를 헛디뎌 쓰러지셨다. 그 과정에서 팔을 심하게 다치신 것 같았다. 아내와 나는 놀란 마음에 A할머니를 부축해 일으켰지만, 할머니는 고통을 호소하며 다시 주저앉으셨다. 당시는 휴대전화도 없어 길에서 병원에 연락하는 일이 쉽지 않았다. 결국 지나가는 택시를 잡아타고 병원으로 향했다. 병원 응급실에 도착하여 수속을 마치고 우리는 할머니를 돌봤다. 당시 두 살짜리 첫째아이 다니엘이 우리와 함께 있었는데, 저녁 10시 정도의 시간이 되니 아내의 등에서 잠이 들었다.

A할머니는 의사들의 신속한 대처로 팔에 깁스를 하고 12시쯤이 되어서야 입원실로 옮길 수 있었다. 우리는 치료가 끝났다고 집으로 돌아갈 수가 없었다. 아내는 다니엘을 업고 입원실에서 할머니를 도왔고, 나는 병원 사무실에 들러 할머니가 조금이라도 편하게 병원에 머무를 수 있도록 보험이나 여러 서류적인 절차를 밟았다. 어느새 아침 6시가 되었다. 그렇게 우리 세 식구는 병원에서 밤을 새웠다.

할머니는 우리를 염려하며 이제 집에 돌아가라 이야기했다. 그리고 이제 아침이 되었으니 요셉 슐람 장로님께 연락을 부탁했다. 알고 보니 A할머니는 네티비아교회의 초창기 교인인 데다가 요셉 슐람 장로님이 어머니처럼 따르고 보살피는 분이었다. 우리는 네티비아교회에 출석한 후로 요셉 슐람 장로님과 마주친 적은 있었지만 교제를 했던 적은 없었기 때문에 그분이 우리를 기억하는지는 몰랐다. 어쨌든 나는 할머니의 부탁대로 요셉 슐람 장로님에게 연락을 했고, 장로님은 30분 만에 병원으로 왔다.

할머니는 장로님이 입원실에 들어오자마자 우리가 지난밤부터 어떻게 할머니를 도왔는지 설명했다. 그러면서 우리를 생명의 은인이라 치켜세워 주었다. 요셉 슐람 장로님은 우리를 보더니 얼굴은 알지만 자세히 몰랐다며 인사했다. 그렇게 해서 우리와 네티비아교회의 끈끈한 인연이 시작되었다.

그 후 요셉 슐람 장로님은 우리를 집으로 초대해 주었고, 예배 시간에도 A할머니의 사연을 이야기하며 교인들에게 우리를 소개해 주었다. 요셉 슐람 장로님은 나와 같은 히브리대학교 고고학과를 졸업했고, 나중에 미국에서 화학을 공부했기 때문에 아내와도 공통 관심사가 있었다. 그 후, 우리 가정은 요셉 슐람 장로님과 특별한 관계를 맺어 나가면서 그분을 통해 그동안 알지 못했던 신앙인으로서의 자세라든가 예수 믿는 유대인으로서 성경을 보는 통찰력 등을 배웠다. 요셉 슐람 장로님과 네티비아교회는 하나님께서 허락해 주신 큰 배움의 장이었다.

아내는 요셉 슐람 장로님의 부인이신 마르시아 사모님의 추천으로 주일학교를 맡았다. 아내는 히브리어가 모국어가 아니었지만 마르시아 사모님의 지도 아래 아이들을 위해 기도로 준비하며 주일학교를 재미있게 이끌었다. 특이하게도 주일학교 아이들 중에는 아내보다도 성경을, 특히 구약을 더 잘 아는 아이들이 많았다. 아이들은 시편을 줄줄 외우기도 하고, 아론의 기도를 멋들어지게 외우며 기도하기도 했다. 그런 아이들을 보며 역시 유대인의 피가 흐르고 있구나 싶었다. 아내가 주일학교에서 가르쳤던 아이 중 예후다유다라는 아이가 있었는데, 현재는 네티비아교회에서 요셉 슐람 장로님을 이어 담임목사가 되어서 은혜

가운데 잘 목회하고 있다. 예후다유다를 보면서 아내는 많이 뿌듯해하였다.

나는 또한 요셉 슐람 장로님의 배려로 네티비아교회의 안식일 설교도 하게 되었다. 유일하게 히브리어로 설교했던 시절이었다. 그곳에서 우리는 교인들의 사랑과 요셉 슐람 장로님의 가르침으로 함께 배우며 말씀 안에서 성장해 갔다. 여러모로 요셉 슐람 장로님은 우리 가족을 그분의 친자식처럼 도와주고, 가르쳐 주며, 이끌어 주었다.

네티비아 교인들과 교제하면서 새롭게 알게 된 것은 예수를 믿는 유대인 기독교인들의 고통이 매우 깊다는 것이었다. 그들 역시 팔레스타인만큼 신앙을 지켜 가는 데 많은 고통이 뒤따르고 있었다. 우리는 이방인이기에 아무도 우리 믿음을 차별의 도구로 사용하지 않지만, 사랑하는 네티비아 교인들은 이웃으로부터, 심지어 가족으로부터의 따돌림과 차별에 고통스러운 대가를 치르고 있었다. 안식일 예배에도 가끔은 정통 유대 종교인들이 방문한다. 그들은 요셉 슐람 장로님이 말씀을 전하며 예수가 메시아라 하면 야유를 보내며 예배를 방해하기도 하였다. 그럴 때마다 동료 교인들은 그들을 내치기보다 '몰라서 저러지' 하는 애처로운 눈으로 바라봤다. 실로 대단한 믿음의 사람들이었다.

가끔 아내는 예배를 방해하는 정통 유대 종교인들의 옷을 잡아끌며 밖으로 내쫓기도 했다. 그들은 때때로 예배 후 교인들의 집에 몰래 따라가서 집을 알아 두었다가 해코지를 하기도 했다.

초인종을 누르고 문을 열어 주면 오물을 퍼붓는 식이다. 그런 이야기를 들을 때마다 아무런 도움도 되지 못하는 우리의 무능함이 마음이 아팠고, 그럴수록 우리 가족은 그들을 위한 기도를 쉬지 않았다. 하나님은 이렇게 또 우리와 같이 작고 연약한 지체들을 섬기는 일에 지경을 넓혀 주셨다.

활짝 열린 축복의 통로

그즈음 한국의 온누리교회에서 사역하는 지인으로부터 연락이 왔다. 지금은 고인이 되신 하용조 목사님과 온누리교회 성도들이 성지순례를 위해 이스라엘에 방문한다는 소식이었다. 그러면서 내게 성지 안내를 부탁했다. 학업과 바이블컬리지, 교회 사역으로 시간을 내기가 수월하지 않았지만 안내 팀에 합류하기로 했다. 좋은 목사님과 만날 수 있는 기회를 허락하신 하나님께 감사 기도를 드렸다.

여리고 성을 방문하는 중에 하용조 목사님과 개인적으로 대화할 수 있는 시간이 있었다. 목사님은 나에 대해 여러 가지를 묻기도 하시고 많은 조언도 해 주셨다. 특히 성서고고학에 대해 많은 것을 물어 보셨고, 베들레헴 바이블컬리지 사역에 대해서도 지대한 관심을 보이셨다. 하용조 목사님은 내 이야기를 다 듣고 바이블컬리지 사역을 통해 나에게 후원 선교사를 제안해 주셨다. 너무 놀라운 일이었다. 나는 어린 시절 이민을 떠나왔기 때문에 한국 교계에 아무 연고가 없었다. 그런데 한국에서도 큰 영향력을 끼치고 있는 교회로부터 후원 선교사를 제안받은 것이다. 하나님께서 내 사정을 아시고 그분의 방법으로 후원의 문을 열어 주신 것이 분명했다.

이 일을 계기로 내 바이블컬리지 사역은 한 단계 도약할 수 있었다. 나중에는 네티비아교회의 요셉 슐람 장로님과 베들레헴 바이블컬리지의 비샤라 아와드 학장님을 한국 교회에 소개할 수 있는 축복의 통로 또한 열렸다. 그 후 요셉 슐람 장로님은 한국 교계에서 활발하게 활동하시며 유대 기독교인의 신앙을 전하고 말씀사역을 하셨다. 나는 이 모든 일을 이루신 하나님께 감사와 찬양을 올려 드렸다. 사랑하는 네티비아교회에 조금이나마 도움을 줄 수 있었다는 마음에, 우리 가족의 기도가 응답된 것에 한없이 감사하고 기뻤다.

마침내 하버드대학교로 나를 이끄신 하나님

결혼 후 나는 텔아비브대학교(Tel Aviv University) 고고근동문화학과에서 고고학 석사과정을 시작했다. 이스라엘에서 유학생 신분을 유지하며 팔레스타인 사역을 한 것이다.

논문을 쓸 시기가 되어 석사 지도교수님이 미국에 연구원으로 다녀올 것을 주선해 주었는데, 알고 보니 하버드대학교였다. 그곳에 체류하던 중, 이스라엘 고고학의 석학 고(故) 로렌스 스테이거 교수님과 면담할 기회가 있었다. 그날 하나님께서는 디모데전서 4장 16절 말씀으로 장차 내가 지속적으로 가르치는 사

한 달란트

역을 해 나갈 것에 대한 확신과 함께 용기를 주셨다.

> 네가 네 자신과 가르침을 살펴 이 일을 계속하라 이것을 행함
> 으로 네 자신과 네게 듣는 자를 구원하리라 딤전 4:16

    기대로 부푼 그 만남의 자리에서 스테이거 교수님은 나에게
박사 과정을 하버드대학교에서 할 생각이 없느냐 물었다. 그 물
음이 계기가 되어 나는 하버드대학교 문리대 대학원에 지원하여
근동어문학과에서 동부 지중해 연안 지역 고고학 및 히브리 성
서학을 전공하게 되었다. 그리고 스테이거 교수님의 지도아래,
그분이 총책을 맡은 이스라엘 아스글론 발굴에 참여하여 발굴
자료실 실장을 지내며 박사 논문을 준비했다. 그것은 실로 하나
님께서 내게 주신 또 하나의 기회이자 기적이었다.
    하나님께서는 내가 예전에 가고자 했으나 집안 사정으로 진
학하지 못했던 하버드대학교의 문을 이렇게 그분만의 오묘한 방
법으로 열어 주셨다. 또한 하나님은 헤브론의 팔레스타인 학생
집을 방문하고 나서 드렸던 나의 기도를 기억하고 응답해 주셨
다. 나는 그때 내 지경을 넓혀 주시기를 기도했다. 필요하다면
이스라엘이 아닌 다른 곳으로 가게 해 달라고 기도했다. 하나님
은 그분만의 방법으로 내가 더 큰 안목을 갖도록 더 넓은 곳에서
문을 여셨다.
    이런 과정을 거쳐 하버드대학교에 진학한 후, 나는 하나님의

은혜 가운데 아스글론 발굴 자료와 구약성경을 바탕으로 제2철기시대(분열왕국시대)에 블레셋과 이스라엘-유다 간의 문화교류에 관한 연구로 2009년에 박사학위를 받았다.

한 달란트

하나님은 아무 연고가 없는 우리의 사정을 아시고
그분의 방법으로 후원의 문을 열어 주셨다.

PART

4.

한 달란트의 기적을 맛보다

14. 내가 감사할 때 하나님은 온 가족을 축복하셨다

감사함으로 그의 문에 들어가며 찬송함으로 그의 궁정에 들어
가서 그에게 감사하며 그의 이름을 송축할지어다 시 100:4

나의 축복 계수하기

우리가 사는 미국 알링턴의 성 까밀루스 카톨릭교회에서는
매년 초여름과 초겨울에 가라지 세일이 열린다. 이 행사는 한국
의 벼룩시장과 같은 것으로, 이틀간 진행된다. 모든 교인이 참여
하여 물건을 내놓는데, 그 카톨릭교회에 노년층이 많아서인지
매년 골동품 같은 여러 진귀하고, 쓸모 있는 물건이 나온다는 소
문이 자자하다. 그덕에 동네 이웃들의 인기 벼룩시장으로 자리
를 잡았다. 남편보다 이런 행사에 관심을 더 갖고 있는 나는 아
이들과 함께 기대를 가지고, 초여름 가라지 세일에 들렀다.

정말 듣던 대로 좋은 물건이 많았다. 40~50년쯤 되어 보이는
여러 진기한 그릇세트, 오래된 책, 화려한 크리스탈 유리 장식
그릇, 자수 액자, 자수 용품, 손뜨개 스웨터와 장갑 등이 즐비하

게 진열되어 있었다. 10달러를 가지고 가서 버터를 보관하는 유리 그릇, 반찬을 담기에 알맞은 자그마한 접시, 그리고 'counting my blessings'(나의 축복 계수하기)라는 글귀가 적힌 노트를 구입했다. 요즘 젊은 친구들의 말처럼 '득템'하여 기쁜 마음으로 집으로 향했다.

가라지 세일에서 구입한 물건 중 가장 마음에 드는 것은 counting my blessings였다. 마치 출판된 책처럼 디자인되어 있었다. 안을 펼쳐 보니 하루에 다섯 개의 감사를 적을 수 있도록 구성되어 있었다. 2010년은 내 인생에서 상상하기도 힘들 정도로 힘든 한 해였다. 미국 체류 비자 문제가 해결되지 않아서 여러모로 마음이 힘들기도 했고, 몸담고 있던 회사 상황도 많이 나아지지 않아 기도하며 하나님의 전적인 도우심을 절실히 간구하고 있던 시간이었다.

매일의 삶을 말씀에 인도함 받으며 살고자 했으나, 육신의 생각이 따라 주지 않는 시간도 많았다. 그래서인지 감사 노트를 구입하고 나서 처음 드는 생각은 오랜 기간 기도의 응답을 기다리느라 지친 이때에 과연 하루에 다섯 가지나 되는 감사가 나에게 있을까 하는 의문이었다. 기도와 큐티는 오랫동안 해 왔지만, 감사만 따로 적는 것은 또 하나의 도전이었다. 나는 기쁜 마음으로 실천해 보기로 했다. 그때 바로 생각나는 말씀이 시편 100편이었다.

온 땅이여 여호와께 즐거운 찬송을 부를지어다 기쁨으로 여호와를 섬기며 노래하면서 그의 앞에 나아갈지어다 여호와가 우리 하나님이신 줄 너희는 알지어다 그는 우리를 지으신 이요 우리는 그의 것이니 그의 백성이요 그의 기르시는 양이로다 감사함으로 그의 문에 들어가며 찬송함으로 그의 궁정에 들어가서 그에게 감사하며 그의 이름을 송축할지어다 여호와는 선하시니 그의 인자하심이 영원하고 그의 성실하심이 대대에 이르리로다 시 100:1-5

선하시고 인자하심이 영원하신 하나님께 내가 드릴 수 있는 것은 감사와 찬양이라는 확신이 들었다. 우리도 사랑하는 가족이나 친구가 좋은 감정을 표현해 주면 한없이 기쁘고 좋지 않은가. 마찬가지로 우리가 하나님께도 사랑의 감정을, 또는 감사의 표현을 하면 얼마나 좋아하실까 하는 기대감이 생겼다. 우리는 그의 백성이고 그가 기르시는 양이다. 즉 하나님이 나를 책임지고 계시다는 말이다. 나를 애써 돌보시는 그분께 마음껏 사랑과 감사의 마음을 표현하는 것이 당연하다는 생각도 들었다.

그날 저녁 감사와 찬양을 기뻐 받으시는 하나님을 묵상하며 내 생애 최초로 감사 목록을 노트에 적어 내려갔다.

한 달란트

2010년 6월 5일

1. counting my blessings 노트를 사게 해 주셔서 감사합니다.
2. 경제적으로 풍족치 않아서 과소비하지 않게 하셔서 감사합니다.
3. 남편이 다윗과 사울에 대해 공부하게 하시고, 그 내용을 나누게 하셔서 감사합니다.
4. 큰아들 다니엘이 학교 친구 M의 생일 파티에 잘 다녀온 것을 감사합니다.
5. 남편에게 새로운 열정과 비전을 허락해 주셔서 감사합니다.

평소 같으면 그냥 일상적인 일로 지나칠 만한데, 적어 보니 새롭게 느껴졌다. 신기하게도 다 적고 나서 기도하는데, 나의 기도하는 소리가 한층 더 은혜에 가득 차 있음이 느껴졌다.

감사 노트 적기는 그다음 날도 이어졌다. 다음 날은 감사 노트를 적기 전에 가정 예배를 드리며, 가족들에게 하나씩 감사를 나누자고 제안하였다. 남편은 주일 설교 말씀에서 은혜받은 것, 작은아들은 축구 게임이 없어서 집에서 쉴 수 있게 된 것에 감사하다고 했다. 큰 아들은 건강 주신 것에 감사했다. 나는 아침 여성 기도 모임에서 은혜받은 것과 뜻하지 않게 지인으로부터 노숙자 사역에 도움받은 것을 감사로 나누고, 그 내용을 감사 노트에 적었다. 감사 노트를 사던 날 매일 다섯 가지 목록을 어떻게 채울까, 과연 하루에 다섯 가지의 감사가 있을까 하며 의아해했는데, 막상 감사를 표현하며 나누니 더욱 감사가 넘쳐난다는 사실을 알았다. 감사를 드리는 것도 하나님의 은혜로 해야 한다고 고백하게 되었다.

2010년은 여러 가지로 힘들었지만 무엇보다 큰아들의 사춘기가 우리를 더욱 어렵게 했다. 우리는 대화와 이해보다는 부모로서의 권위만 내세우며 고리타분한 양육 방식을 고수했기 때문에 아이와 많은 마찰이 있었다. 심지어 2010년 10월 27일 감사 목록에 다니엘의 기분이 좋은 것에 감사하다고 쓸 정도였다. 그만큼 사춘기 아이와의 갈등이 영적 신앙생활에도 많은 영향을 미쳤다.

그러던 어느 날, 큰아들이 저녁 식사 자리에서 선전포고를 했다. 교회 친구인 N이 귀걸이를 한다고 했다며, 자기도 함께 귀를 뚫겠다고 한 것이다. 주말에 친구 누나가 집에서 뚫어 준다고 했다며, 들떠서 이야기했다. 나와 남편은 큰아이의 말에 적잖이 충격을 받았다. 우리 부부는 큰아이에게 믿음 없음을 질타했다. 곧바로 식사 시간에 큰소리가 오갔고, 큰아이는 방으로 들어가 문을 닫아 버렸다. 우리 부부는 망연자실하게 서로를 바라보며 한숨을 쉬었다. 자식을 잘못 키웠다며, 하나님께 죄송하다며 한탄을 했다. 그동안 '경건한 크리스천, 자랑스러운 한국인, 빛나는 세계인'을 양육 목표로 세우며 열심히 기도하며 살아왔는데, 그

한 달란트

랬던 부모로서의 삶이 한순간 매도된 것 같은 실망감까지 느꼈다. 그렇게 엉망진창의 저녁 식사 시간이 지났다.

그날도 어김없이 나는 잠들기 전 감사 노트를 펼쳤다. 감사라고는 하나도 없는 하루인 것만 같았다. 나는 기도를 시작했다.

"하나님, 오늘은 어떻게 다섯 개의 감사를 채울까요?"

그런데 기도를 시작하자마자 큰아들에게 우리가 잘못했다고 사과를 해야 할 것 같은 마음이 들었다. 귀를 뚫고 안 뚫고는 믿음이나 신앙의 문제가 아니라고, 지금 큰아이의 마음을 부모인 우리가 헤아리지 않으면, 앞으로도 관계는 회복되기 어려울 거라는 마음이 들었다. 지금의 이 상처 때문에 앞으로 큰아들과는 마음의 교류, 영적 교류를 할 수 없을 거라는 두려움도 들었다. 이제 고등학생인 큰아들은 2년 후면 대학을 가기 위해 집을 떠날 것이다. 그런데 만약 지금 관계가 좋지 않은 채로 집을 떠나고 나면 더욱 개선하기가 어려울 것은 불보듯 뻔했다.

정말 예상치 못한 기도 응답이었다. 예전의 나를 생각해 보면 이건 분명 말도 안 되는 생각이다. 나의 근본적인 양육 방식은 잘못되었다 생각하는 일은 무조건 못 하게 막아야 했다. 그것이 부모로서의 막중한 임무이며 사명이었다. 그런 내게 하나님은 생각지도 못했던 마음을 계속해서 주셨다. 사실 부모에게 통보 없이 귀를 뚫을 수도 있는 일 아닌가. 그런데 미리 상의를 해 준 것만 해도 감사한 일이었다. 이런 생각이 들자 나는 이 모든 일이 성령의 인도하심을 알았다. 그렇지 않고서는 가질 수 없는 마음 상태였다.

그러나 이러한 기도 응답과 나의 육적 생각이 마찰을 일으키기 시작했다. 큰아이의 마음을 헤아려 준다는 것은 곧 귀 뚫는 것을 허락해야 하는 것인데, 도저히 마음이 내키지 않았다. 게다가 다른 사람들의 시선과 편견을 어떻게 견뎌야 하나 싶은 생각도 들었다. 하루의 감사 노트를 채우려다가 크나큰 딜레마에 빠져 다시 한 시간 여를 기도했다. 내 마음을 굳건하게 하셔서 하나님의 인도에 순종하게 해 달라고 기도했다. 그리고 마침내 하나님께서 다시 큰아들과 대화를 시도할 마음을 주셨다.

나는 곧바로 일어나 큰아들 방에 가서, 먼저 말을 꺼내며 사과했다.

"엄마도 엄마로 살아 본 적이 없어. 특히 십 대의 엄마로는 네가 처음이어서 경험도 없고 실수도 많아. 너를 이해하지 못하고 아프게 해서 미안하다."

그리고 또 이렇게 말했다.

"친구 누나에게 맡기지 말고 정식으로 귀를 뚫어 주는 곳에 가자. 돌아오는 주말에 우리 식구 모두 함께 가자."

정말 어려웠지만 하나님의 도우심으로 큰아이에게 미안한 마음을 표현했다. 그리고 큰아들의 마음을 헤아려 보려고 노력했다. 그런데 내 말이 끝나자마자 큰아이의 입에서 예상치 못한 말이 나왔다.

"나도 엄마 아들로서의 삶이 처음이라서 잘 몰랐어. 엄마 힘들게 해서 미안해."

큰아들의 말에 나도 적잖이 놀랐다. 큰아들은 사춘기에 들어
서고부터는 본인이 잘못한 사건이 있어도 절대 잘못했다거나 미
안하다고 말하지 않았다. 항상 불만이 가득한 태도로 부모인 우
리를 많이 화나게 했기 때문에 정말이지 놀라운 일이었다.

우리는 그 주는 주말에 온 가족이 함께 쇼핑몰에 갔다. 큰아들
은 귀를 뚫고 귀걸이도 샀다. 그리고 즐겁게 외식을 했다. 그 일
후에 큰아들과 우리는 통상적인 십 대와 십 대 부모의 적대적인
관계에서 벗어날 수 있었다. 우리는 같은 팀의 일원으로서, 주
안에 함께하는 지체로서 좋은 관계를 유지할 수 있었다.

큰아들은 신앙 안에서 잘 성장했다. 대학 때는 아리조나로 아
웃리치를 가서 그곳 대학 기숙사에 머물며 신입생들을 전도하기
도 하고, 여름방학에는 독일에 있는 중동 난민 캠프에서 스포츠
교실을 여는 등 활발한 활동을 했다. 지금은 뉴욕에 있는 컨설팅
회사에서 컨설턴트로 일하고 있다.

정말 감사한 것은, 큰아들이 성인이 된 지금까지도 우리는 함
께 기도하고 의논하는, 서로 마음을 나누는 좋은 관계를 유지하
고 있다는 것이다. 감사 노트를 기록하면서 받은 수많은 은혜가
있지만, 자녀와의 관계 개선이 가장 큰 축복이었음을 고백한다.
하나님께서 주관하신 특별한 방법으로의 회복은 그야말로 기적
과 같은 일이었다.

하나님께서는 감사 노트를 통해 자녀와의 관계 개선뿐만 아니라 또 하나의 귀한 축복을 선사해 주셨다.

2019년 여름에 에베소서를 묵상하던 때였다. 에베소서는 신약 중에서도 내가 가장 좋아하는 책이다. 그래서 여러 번 읽고 묵상했으며, 많은 경우에 나의 영적 생활의 지침이 되어 주었다. 하루는 에베소서 5장 뒷부분을 읽고 묵상하는데, 22절 말씀이 소화가 되지 않았다. 나는 묵상을 할 때 몇 구절씩 읽으며 묵상하고 기도하고 적용하는데, 그날 말씀이 내 안에서 소화가 되지 않을 때는 같은 말씀을 반복하여 며칠씩 읽곤 한다. 그날도 에베소서 5장 22절을 읽으며 마음이 편치가 않아 읽고 또 읽으며 '왜?'라는 질문을 계속 쏟아내고 있었다.

> 아내들이여 자기 남편에게 복종하기를 주께 하듯 하라 이는 남편이 아내의 머리 됨이 그리스도께서 교회의 머리 됨과 같음이니 그가 바로 몸의 구주시니라 그러므로 교회가 그리스도에게 하듯 아내들도 범사에 자기 남편에게 복종할지니라 남편들아 아내 사랑하기를 그리스도께서 교회를 사랑하시고 그 교회를 위하여 자신을 주심 같이 하라 엡 5:22-25

그다음 날도 읽고 또 읽기를 반복했다. '복종'이라는 단어에서 눈이 멈춘 채로 움직여지지가 않았다. 이 구절을 영어로 읽어 보니 복종의 뜻으로 'submit'이란 단어를 쓰고 있었다. 정말 충격이었다. 여러 번 읽었던 말씀인데 왜 이리 못 넘어가고 있는지, 왜 이리 마음이 불편한지 알 수 없는 시간이 계속되었다.

그 근원을 찬찬히 묵상해 보니, 결국은 나의 교만이었음이 느껴졌다. 결혼 후 나는 가사의 부담과 자녀 양육의 부담을 고스란히 담당해야 했다. 거기다 과학자로서의 삶은 정말 쉽지 않은, 많은 수고가 동반된, 쉼이 부족한 시간의 연속이었다. 그렇게 나는 스스로 최선의 삶을 살고 있다고 자부하고 있었는데, 남편에게 복종하라는 성경 말씀이 또 하나의 짓눌림이 되었던 것이다.

같은 구절을 3일 정도 반복하다가 내 눈이 겨우 25절로 옮겨졌다. 이번에는 남편들에게 당부하는 말씀이었는데, 내 눈이 여기에서 멈추었다. 마치 말씀이 튀어나와 가슴에 박히는 것 같았다. 하나님께서 나에게 허락하신 남편은 예수님께서 교회를, 즉 우리를 죽기까지 사랑하신 것같이 아내를 위해 목숨을 바치는 사명과 임무가 주어진 사람이라는 사실을 깨달았다. 그 순간의 감동은 어느 것으로도 표현이 안 될 만큼 특별한 기쁨이며 감사였다.

예수님께서 우리를 위해 하신 일은, 또 남편들에게 맡기신 그 일은 아내들에게 주어진 남편에게 복종하라는 사명과는 비교가 안 될 정도로 훨씬 더 어려운 것이었다. 남편에게 그러한 막중하고 큰 사명이 주어졌다는 것을 깨닫고 나니 미안한 마음이 들기 시작하면서 남편이 더 사랑스럽게 느껴졌다. 남편에게는 아내를 위해 너 자신을 내 놓으라고 명령하셨고, 또 내 남편은 그 하나님 말씀에 순종할 수 있는 사람인데, 나는 '복종'이라는 단어 하나에 부담을 느끼며 옹졸하게 며칠을 고민했다니, 한없이 부끄러웠다. 나를 위해 자신의 전부를 내놓을 사람에게 순종하는 것이 뭐 그리 어려운 일이겠는가. 오히려 존경의 태도를 갖는 것이 당연하지 않겠는가. 왜 하나님께서 남편의 역할을 두고 한 가정의 머리라 하셨는지, 그 말씀까지도 통째로 완전히 이해가 되었다. 마음의 변화가 시작되었다.

그날 나는 감사 노트에 '나를 위해 자신을 내어줄 수 있는 남편을 주셔서 감사합니다'라고 기쁜 마음으로 적었다. 이러한 영적 인식의 변화는 그전에는 상상도 못했던 일이다. 하나님께서는 관계에 대한 하나님의 큰 그림을 보지 못하던 나를 감사 노트 적기 체험을 통하여 조금씩 변화시키셨다. 자녀와의 관계뿐만 아니라 아내와 남편의 역할에 관하여 새롭게 눈뜨게 하셨다. 동시에 남편과의 관계에도 큰 개선을 허락해 주셨다. 결국에는 내가 말씀을 먹으니 말씀이 나를 삼켜 변화를 일으키는 은혜가 끊임없이 이어졌다.

한 달란트

감사를 표현하며 나누면 더욱 감사가 넘쳐난다.
감사를 드리는 것도 하나님의 은혜로 해야 한다고
고백하게 되었다.

죽어 마땅한 나를 들어 상처 치유자로 쓰셨다

무릇 더러운 말은 너희 입 밖에도 내지 말고 오직 덕을 세우는 데 소용되는 대로 선한 말을 하여 듣는 자들에게 은혜를 끼치게 하라 엡 4:29

그 어떤 무기보다 날카로웠던 한 마디의 말

나는 말을 참 잘했다. 특히 언쟁이 시작되면 언제 어디에서 그런 말을 떠올렸는지도 모르는 말들이 적절하게 튀어나와 상대방 맥을 못 추게 하는 요상한 특기가 있었다. 그런데 그 특기가 영어로 생활해야 하는 미국에서는 제 구실을 못했다. 영어가 내 모국어가 아니기에 표현에 많은 제약이 따랐던 것이다. 덕분에 지금은 그 요상한 특기가 거의 빛을 바랬다. 얼마나 감사한 일인지 모른다.

예전에 나의 이 요상한 특기는 부부싸움을 할 때면 더욱 빛을 발했다. 내가 여실히 잘못한 사건임에도 남편을 할 말 없게 만드는 일이 비일비재했다. 그뿐인가. 이 요상한 특기로 주변 사람들에게 상처도 많이 주었다. 그러면서 다른 사람의 말에는 또 쉽게 상처받았다. 정말 못된 것을 많이 갖춘 나의 본모습이었다.

그러나 확실한 것은 하나님께서는 나를 이렇게 창조하시지 않았다는 사실이다. 나는 하나님이 태초에 창조하신 내 모습으로의 회복을 갈구하면서 열심히 기도했다. 그래서일까. 하나님은 나를 온전한 사람을 이루어 그리스도의 장성한 분량이 충만한 데 이르도록, 나아가 태초에 창조하신 모습으로 회복하도록 일련의 과정을 거치게 하셨다. 그 과정을 통하여 많이 아팠고 또 눈물도 흘렸지만, 그 결과로 영적 성장이라는 기쁨도 맛보았다. 시간이 지나면서는 주 안에서 평안함도 누릴 수 있었다. 이제는 나와 비슷한 과정을 거치는 이들의 아픔을 체휼할 수 있는 지경에까지 이르렀다. 그 과정을 몇 가지 나누고자 한다.

남편과 나는 이스라엘 예루살렘에서 양가 가족이 참석하지 못한 채, 출석하던 교회 교인과 현지 친구들만 참석한 결혼식을 올렸다. 피로연과 모든 결혼 준비 과정이 교회 지체의 도움으로 진행된 감사함으로 가득한 결혼식이었다. 8월에 올린 결혼식이었는데, 이스라엘의 8월은 상상 이상으로 날씨가 덥다. 그럼에도 여러 교회 집사님들과 사모님들이 우리가 준비한 재정 한도 안에서 정성스레 피로연 음식을 마련하여 주어서 나름 성대한 잔치를 치를 수 있었다. 자칫 양가 가족 없이 치러져서 쓸쓸할 수 있었음에도 많은 지체들의 도움이 있었기에 즐겁고 행복한 추억을 많이 남길 수 있었다.

결혼식이 치러지고 몇 주 후의 일이다. 우리 결혼식에 참석했던 한 지인이 교회에서 나를 만나 해준 말에 나는 마음에 깊은 상처를 받았다. 도대체 어떤 집안이기에 결혼식을 부모 없이 치르게 할 수 있느냐고 한 것이다. 본인의 집안에서는 도저히 있을 수 없는 일이라며 우리 집에 대해서 물어봤다. 물론 그에게는 아무런 악의가 없었다. 그저 궁금해서 물어본 것이었다. 하지만 내게는 그 말이 마치 나를 무시하는 것으로 들렸다. 당장이라도 그 자리를 뛰쳐나가고 싶었을 정도로 힘들고 아팠다. 그 순간 걷잡을 수 없는 그분에 대한 미움이 밀려왔다.

우리가 결혼식을 올릴 그 시기에 시부모님이나 우리 부모님은 이스라엘로 오실 수 없는 형편이었다. 각자의 형편이 녹록치 않았기에 어쩔 수 없는 일이었다. 그 대신 양쪽 집안에서 적지 않은 비용을 보조해 주셨고, 그랬기 때문에 식을 올릴 수 있었다. 남편과 나는 그것만으로도 양가 부모님께 너무도 감사했다.

우리 인생사가 언제나 잔잔한 물 흐르듯이, 순풍에 돛을 단 배처럼 가는 것이 아니지 않은가. 때로는 예상치 못한 일이 일어나기도 한다. 나도 내가 가족 없이 결혼식을 올리리라고는 전혀 상상치 못했다. 그러나 살다 보면 이런 일도, 저런 일도 있을 수 있다. 그런 유동적인 생각을 가졌기에 우리 결혼식에 큰 반감이나 이견은 없었다. 또한 나는 결혼식을 어떻게 치르느냐보다, 결혼해서 어떻게 사느냐가 더 중요하다고 생각했다. 그러나 어떤 사람들은 전통이나 형식을 중요하게 생각한다는 것을 알았다. 나

한 달란트

와 생각이 많이 다른 사람이 있을 수 있다는 것을 알았다.

나는 기독교 가정에서 자라지도 않았고 어린 시절을 교회에서 보내지도 못했기 때문에 나름대로 기독교 공동체에 대한 환상이 있었다. 그렇기 때문에 그 지인의 말은 나에게 적잖은 실망과 상처를 안겨 주었다. 소위 믿음의 공동체에서 만난 사람이 해 준 말이었기 때문에 상처가 보통보다 깊었다. 나는 언쟁에 능숙했기 때문에 요상한 특기를 들어 왜 그런 말을 하느냐고 따지고 반박하며 상대방이 맥을 못 추게 할 수도 있었다. 하지만 이제 나는 혼자가 아니다. 남편의 입장도 생각해야 했기 때문에 내키는 대로 말할 수 없었다.

나는 그때 크게 동요하지 않고 불편한 상황을 주님의 은혜로 잘 피했다. 지금 생각해도 내가 그 상황을 잘 모면했던 것은 큰 감사요 은혜다. 그날 교회에서 돌아와 나는 어느 누구에게도 그 이야기를 나눌 수 없었다. 도리어 나는 내 처지를 비관하는 태도를 취했다. 혼자만의 시간을 만들면서 우울한 시간을 보내고 있었다.

그러다가 며칠 후 나는 너무 힘들어 이 이야기를 남편과 나누었다. 남편이 말하기를 물론 그 생각이 옳은 것은 아니지만, 그렇다고 다른 사람의 생각을 우리가 바꿀 수는 없으니 우리가 판단하기보다 하나님께 올려 드리자고 했다. 하지만 우리가 기억해야 할 것은 그분도 우리를 축하해 주기 위해 결혼식에 참석했으니, 그 선한 뜻만 기억하자며 내 마음을 다독여 주었다.

우리는 가정예배 때마다 그를 위해 기도했다. 그로 인해 나처럼 상처 받는 사람이 더 이상 나오지 않기를 기도했다. 그 후에도 나는 부단히 그를 미워하지 않으려 애를 썼다. 물론 쉬운 일은 아니었다.

═ 말이 아니라 하나님께 집중하기

말에 대한 훈련은 여기서 끝나지 않았다. 결혼 전 남편을 아는 사람들은 하나같이 남편에 대해 건실하고, 바르고, 하나님께서 택하신, 하나님의 신실한 일꾼이 될 청년이라고 말했다. 물론 그것은 나도 동감하는 부분이다.

그런데 그런 사람들 중에는 내가 그의 배우자로서 여러 부분에서 부족하다고 말했다. 결혼 후 남편의 지인들을 만나면 내 배경과 여러 정황을 듣고 우리 집이 기독교 집안이 아니기 때문에 처갓집에 쌓인 기도가 없어서 앞으로 사역을 할 남편이 힘들 것이라고 말했다. 또 큰일을 할 사람이니 처갓집이 재정적 뒷받침을 해줄 수 있으면 좋았을 텐데 그렇지 못하다며 아쉬움을 표했다. 남편의 의사와는 전혀 상관없이 사람들은 무자비한 말을 뱉어 냈다.

물론 어떤 사람은 나를 향해서도 참 무자비하게 말을 뱉어 낸다고 말할지 모르겠다. 그런데 내가 그런 말을 듣는 입장이 되고 보니 견디기가 힘들었다. 그러나 나는 감정적으로만 생각하지 말고 냉정하게 짚고 넘어가 보자는 생각이 들었다.

한 달란트

집안이 기독교 배경이 아니어서 아쉽다는 말에 대해서는 내가 반박할 말이 없다. 사실이기 때문이다. 이 부분은 내가 어찌할 수 있는 문제가 아니다. 내가 태어날 집안을 기독교 집안으로 할지 믿음 없는 집안으로 할지 어떻게 선택할 수 있단 말인가. 그런 권한이 내게는 없다. 오히려 그 권한은 하나님께 있다. 내가 우리 집안에서 태어난 것은 하나님께서 선택해 주신 사항이다. 그런데 그 하나님의 선택을 두고 판단받는 일은 유쾌하지 않다. 인종이나 피부색을 두고 차별하는 것과 무엇이 다른가.

생각이 이쯤 다다르자 나는 그런 말들로 내가 우울해할 필요가 없다는 생각이 들었다. 그렇게 말한 사람을 미워하고 우울에 빠질 틈을 주어서는 안 되겠다고 결정했다. 그리고 사람들이 내게 하는 말들 중 들어야 할 말, 인정해야 할 말, 충고로 받아야 할 말들을 가리기 시작했다. 그 말을 한 사람에게 집중하지 않고 하나님께 집중하며 매달리기로 결정했다.

어떻게 하면 그것을 이룰 수 있을까? 생각하는 와중에 사탄은 내 맘에 수시로 찾아와서 계속 유혹한다. '아니, 기독교인이 되어서 어떻게 그런 말을 할 수 있을까?' 하고 속삭이면서 그 사람을 미워할 권리가 나에게 있다고 말한다. 그 사람을 원망할 자격이 나에게 있다고 한다. 어떤 순간은 내가 그 유혹에 많이 기울어져 있음을 감지한다.

그러나 원망과 미움이라는 영역에 일단 들어가면, 내가 철저히 패배할 것이라는 깨달음 또한 하나님께서 주셨다. 내가 할 수 있는 것은 일단 이 마음의 쓴 뿌리를 하나님께 올려 드리는 것이었다. 그리고 어떻게 하면 사랑하는 남편과 하나님의 계획에 동참하여 하나님 나라 확장에 우리가 쓰임받을 수 있을까 하는 간절한 소망이었다. 그렇게 절실히 하나님께 간구하는 중에, 하나님께서 좋은 생각을 주셨다.

"현경아, 네가 너희 집안에 그 기도를 쌓을 수는 없겠니? 네가 그 기도의 시초가 되지 않겠니?"

처음에는 그 말씀에 의아해하며 "내가 어떻게 그 큰일을 할 수 있겠어요?" 하고 응답했지만, 또 한편으론 '그동안 왜 내가 그 생각을 못했을까?' 하는 반문과 함께 흔쾌히 하나님께 이렇게 말씀 드렸다.

"그럼요! 당연히 할 수 있죠. 그런데 어떻게 하면 되나요?"

그때 하나님은 내가 순전한 예배자로 살면 된다고 말씀하셨다. 그리고 그다음은 하나님께서 다 알아서 하신다는 마음을 주셨다. 지금은 기도가 쌓인 것이 없어서 남편의 사역이 힘들어질 거라는 말이 터무니 없는 이야기라는 것을 알지만, 그때는 내가 너무도 사랑하는 사람이 내 집안의 기도 부족으로 어려움을 겪지 않도록 간절히 기도 쌓기에 열중하며 하나님의 도우심을 구했다. 하나님의 계획에 우리가 쓰임받는 사람이 되게 해 달라고, 하나님 나라 확장에 벽돌 한 장이라도 쌓게 해 달라고 정말 열심히 기도했다. 내가 할 수 있는 것은 오로지 기도뿐이었고, 하나님의 도우심과 인도하심이 없이는 한 발짝도 나아갈 수 없는 상

한 달란트

황이었기 때문에 더욱 기도에 매달렸다.

상처는 누군가를 싸매고 고치는 약이 되고

감사하게도 기도를 하면 할수록 하나님께서는 우리를 영적으로 성장시켜 주셨다. 여러 상황들이 항상 기뻐할 만하지는 않았다. 그러나 하나님의 은혜가 사람에 대한 원망이나 미움보다 훨씬 컸기에, 은혜가 그 아픔을 다 가리고도 남았다. 그때는 말 때문에 상처를 받고 아팠지만, 그 일들 덕분에 하나님께 더 가까이 다가갈 수 있었다고 고백한다.

또한, 이 일들을 계기로 하나님께서는 나에게 지난 일을 회개케 하셨다. 생각해 보니 지난날 내가 무심코 뱉어 놓았던 말들 때문에 누군가는 가슴을 후벼 파는 고통을 당하고, 잠 못 들고, 우울함에 빠지고, 아팠을 것 같았다. 그때 내 철없는 말들로 힘든 시간을 보낸 지체가 있다면 어떻게 해서든 용서를 구하고 싶다고 생각하며 하나님 앞에 회개했다.

또한 내가 뱉어 놓았던 많은 말실수 때문에 우리 친정 가족들이 예수를 받아들이는 시기가 늦어졌다. 우리 집에서 내가 처음으로 예수를 구세주로 영접하였는데, 먼저 믿은 자로서 올바른 예수의 형상을 나타내지 못했던 것이다. 여전히 옛사람을 벗어버리지 못한 나의 못난 모습 때문에 오히려 가족들은 기독교에 대한 좋지 않은 경험을 하게 되었고, 구원받기까지 오랜 시간이 걸렸다. 이것은 나의 전적인 실수이며 불찰이었다.

말로 받은 상처들이 내 안의 죄와 엉켜서 도리어 다른 사람에게 상처를 주는 악순환이 계속될 즈음, 예수전도단(YWAM)의 선교사로 중동에서 사역하셨던 K선교사님 부부를 만났다. 나는 그분들에게서 내적치유와 개인 레슨을 받으며 내 안의 쓴 뿌리와 상처, 죄를 씻어 내는 훈련을 했다. 미국에 와서는 출석하는 교회의 힐링 기도 팀에 발탁되어 내적, 외적, 영적 상처로 힘들어하는 지체를 위해 중보 사역을 감당했다. 사역을 하면서 보니 상상할 수 없을 정도로 수많은 지체가 비슷한 상처로 힘들어하고 있었다. 그들은 상처의 악순환에서 헤어나지 못하고 있었다. 까칠하고 까다로운 사람일수록 그런 상처 때문에 힘들어했다. 어느 자매는 평소 인사도 잘 안 받고 까탈스러운 성격이라 가까이하기 힘들었는데, 기회가 되어서 함께 이야기를 나누던 도중 어릴 때 받았던 말로 인한 상처가 있다는 사실을 알게 됐다. 자매는 그것에서 놓임받기를 원한다면서 기도를 요청했고, 우리는 함께 기도하는 시간을 가졌다.

여전히 말과 관련된 것은 하나님과 함께하는 나머지 공부 과목 중 하나다. 내가 넉넉히 통과해야 하는데, 아직도 부족한 부분이 많다. "무릇 더러운 말은 너희 입 밖에도 내지 말고 오직 덕을 세우는 데 소용되는 대로 선한 말을 하여 듣는 자들에게 은혜를 끼치게 하라"(엡 4:29)고 하신 말씀처럼 선한 말로 듣는 자들에게 은혜를 끼치는 것이 아직도 내 기도 제목이다. 이러한 내 기도에 응답하신 하나님은 나에게 다른 이를 체휼할 수 있도록 은혜를 베푸셨다.

말로 인한 상처와 깨달음은 훗날 우리 가정이 노숙자들과 함께하는 데도 중요한 밑거름이 되었다. 그런 경험들이 있었기에 그들을 세상이 가늠하는 잣대로 판단하지 않을 수 있었다. 나도 누군가의 말에 그렇게 마음이 아팠는데 내가 또 누군가를 말로 판단할 수는 없지 않은가. 노숙자들도 그런 처지가 되고 싶어서 되었겠는가. 불가항력의 환경이 덮쳐 왔으니 그런 것 아니겠는가. 이렇게 하나님은 나의 말과 마음가짐까지도 순화시키셨다.

진심으로 구한 용서

2018년, 남자 중창단이 교회를 방문해 멋진 찬양 공연을 보여 주었다. 그들은 약물중독, 알코올중독인 사람들을 돕는 기독교 기관 소속이었다. 공연이 끝나고 멤버들의 간증을 듣는 시간이 있었다.

L이라는 23살 백인 청년이 자신의 이야기를 간증했다. 청년은 어릴 적 기독교 가정에 입양되어 양부모의 손에서 성장하였다. 양부모는 신실한 기독교인으로 이 청년을 사랑으로 잘 양육해 주었다. 그러던 중 10학년, 한국 제도로는 고등학교 1학년 여름 방학에 도미니카공화국으로 선교여행을 갔다가 돌아오는 길에 선교팀의 한 친구가 "너는 네 친부모가 너를 버려서 너의 양부모가 주워서 키운 아이야"라고 했다.

사탄은 우리를 무너뜨리려고 실로 다양한 방법을 들어 사용한다. 아마 그 친구도 아무 생각 없이 던진 말일 수 있다. 그러나 입에 함부로 담아서는 안 되는 말이기도 하다. 듣는 사람에게는 칼을 들이미는 것과 같이 고통스러운 말이기 때문이다. L에게도 그랬다. 이 말은 그를 너무도 큰 고통에 빠트렸다. L은 선교여행에서 돌아온 후 스스로가 너무도 값없이 느껴져 가출을 결심했다.

양부모의 만류가 있었지만 L은 거리에서 마약중독자로 5년을 살았다. 그 사이 양부모는 끊임없이 기도했다. 결국 양부모의 계속되는 설득으로 L은 집으로 돌아왔다. 기독교 기관에서 운영하는 중독자를 돕는 프로그램에 참여하여 성경공부와 기도로 회복의 삶을 살았고, 마침내 약물중독에서 벗어날 수 있었다. 지금은 선교사가 되기 위해 훈련을 받고 있다.

나는 L의 이야기를 듣고 정말이지 큰 충격을 받았다. 말 한마디가 사람을 이렇게까지 나락으로 떨어뜨릴 수 있다는 사실이 놀라웠다. L의 간증이 끝나고 나는 그에게 다가가 그동안 말을 막 내뱉었던 한 사람으로서 사과의 말을 건넸다. L은 웃으며 고맙다고 했다. 나는 그동안 했던 말에 대한 회개와 사과의 뜻으로 그 청년의 선교 훈련의 재정적, 영적 후원자가 되기로 작정하여 지금까지도 후원하고 있다.

하나님께서는 상처가 곪아 터져 잘려 내쳐질 뻔한 위기에서 나를 건져 내셨다. 그리고 그 상처를 통해 깨달음을 주시고, 상처를 치유하시고, 용서받은 자로서 살게 하셨다. 더 나아가 나와 같은 처지의 지체와 함께 그 한없는 은혜를 경험하고 도울 수 있게 하셨다. 죽어 마땅한 나를 이렇게 선처해 주시고 주님의 증인으로 살게 하심에 감사드린다. 또한 모든 것이 합력하여 선을 이루신 주님을 찬양하며, 무릇 더러운 말은 입 밖으로 내지 말고 더더욱 덕을 세우고 선을 끼치는 데 나의 남은 생을 주력할 수 있기를 기도한다.

주의 성령이 내게 임하셨으니 이는 가난한 자에게 복음을 전
하게 하시려고 내게 기름을 부으시고 나를 보내사 포로 된 자
에게 자유를, 눈 먼 자에게 다시 보게 함을 전파하며 눌린 자
를 자유롭게 하고 주의 은혜의 해를 전파하게 하려 하심이라
하였더라 눅 4:18-19

═ 드디어 만난 고든콘웰 신학대학원

하버드대학교에서 박사과정을 밟던 시절, 보스턴을 방문하
신 지인 목사님이 아내와 나를 위해 누가복음 4장 18-19절로 기
도해 주었다. 이 말씀의 출처는 이사야 61장 1-2절이다. 예수께
서 안식일에 나사렛 회당에 들어가 그 말씀을 읽으신 것이다. 그
때 나와 아내는 1993년, 내가 팔레스타인 사역을 시작하기에 앞
서 이사야 61장 1-3절이 담긴 찬양을 매일 불렀던 때를 떠올렸
다. 목사님을 통해 하나님이 그 시절을 기억하게 하심이 감사하
고 큰 격려가 되었다.

그런데 머지않아 우리는 누가복음 4장 18절, 즉 이사야 61장 1-2절 말씀이 왜 우리에게 다시 주어졌는지를 알게 되었다. 그것은 새로운 사역으로의 부르심이었다. 그 후 세 가지 사역이 시작되었는데, 그 가운데 하나는 내가 신학대학원에서 가르치는 일이었고, 둘째는 라티노(Latino) 사역, 즉 스페인어, 포르투갈어권 남미인 사역, 그리고 셋째는 노숙인 사역이었다.

하루는 박사과정을 함께 밟고 있던 동료 중 하나가 내게 부탁을 해 왔다. 자신의 모교에서 성서 히브리어를 가르치게 되었는데 내가 도와줄 수 있겠느냐는 것이었다. 그러면서 성서 히브리어를 문법적으로만 가르치려니 학생들이 많이 어려워한다며, 혹시 히브리어를 고대 언어이기보다는 현대 외국어를 배우듯 접근할 수 있게 도움을 줄 수 있겠느냐고 물어 왔다. 그것은 참 좋은 발상이었다. 내가 현대 히브리어를 배울 때 익힌 학습법을 이제 성서 히브리어를 가르치는 데 적용해 보자는 것이었다. 나는 그 제안을 흔쾌히 받아들였다. 충분히 시도해 볼 만한 가치가 있는 것이었기 때문이다. 그래서 어느 학교에서 가르치는 것인지를 물었는데, 그 답이 나를 놀라게 했다. 다름 아닌 고든콘웰 신학대학원이라는 것이었다.

내가 이사야 61장 1-2절 말씀을 찬양으로 부르던 시절, 베들레헴 바이블컬리지에서 팔레스타인 난민 사역자 양성을 위해 고든콘웰에서 목회학 석사과정의 꿈을 포기했었다. 그런데 하나님은 예전 내 꿈을 잊지 않으시고 나를 고든콘웰로 인도하신 것이다. 정말 믿기 어려웠다.

수업이 진행될 고든콘웰의 보스턴 캠퍼스는 수강생의 구성원이 인종적으로 다양했다. 그랬기 때문에 학생들의 배경 또한 참으로 흥미로웠다. 학생 하나하나가 다른 나라 출신이었다 해도 과언이 아닐 정도로 많은 나라 출신의 학생들이 모여 있었다. 심지어 나와 비슷하게 남미에서 성장하여 미국으로 재 이민을 온 한국계 학생도 있었다.

동료와 나는 가을, 봄 두 학기를 같이 가르쳤고, 우리가 시도한 학습법은 좋은 결과를 낳았다. 수강생 전원이 모든 학습 과정을 잘 수료하여 다음 과정을 밟을 수 있는 자격을 갖출 수 있었다. 이것은 남다른 성과였다. 고든콘웰은 성경 원어를 유달리 강조하는 곳이었다. 그래서 목회학 석사과정생들은 의무적으로 성서 헬라어와 성서 히브리어를 각각 두 학기씩 수강해야 했다. 그런데 이민자 출신 학생이 60퍼센트를 차지하는 보스턴 캠퍼스에서는 모국어가 아닌 제2언어(영어)로 제3언어(헬라어, 히브리어)를 배워야 하는 고충이 다른 그룹원보다 상대적으로 클 수밖에 없었다. 그래서 적지 않은 성서 히브리어 수강생들이 재수강해야하는 상황이 해마다 반복되고 있었던 것이다. 심지어 성서 히브리어 과목이 너무 어려운 나머지 목회학 석사과정에서 성서 히브리어가 없는 다른 석사과정으로 옮기는 학생도 종종 있었다. 그랬기에 이러한 좋은 결과는 학교 측에서 봐도 상당히 고무적이었다.

한 달란트

== 나도 모르게 향상된 언어 실력

긍정적 성과와 실질적 필요를 고려해 보스턴 캠퍼스는 그 다음 해에 스페인어로 성서 히브리어 과목을 개설했다. 일반 구약 과목들이 종종 스페인어로 개설되었던 것에 반해 성서 히브리어가 스페인어로 개설되기는 처음이었다. 그것을 계기로 나는 보스턴 캠퍼스에서 외래교수로 성서 히브리어를 영어와 스페인어로 가르치게 되었다.

그리고 2011년 4월, 고든콘웰 신학대학원에서 보스턴 캠퍼스 부학장을 임용한다는 공고가 발표되었다. 나는 주변 몇몇 관계자들의 권유로 지원하였다. 그해 10월, 부학장 행정 임용 절차를 통과하고, 그다음 해 봄에 교수 임용 절차를 통과해 보스턴 캠퍼스 부학장 겸 구약학 조교수로 일을 시작했다. 그리고 2016년 봄, 당시 보스턴 캠퍼스 학장이던 분이 타 신학대학원의 총장으로 부임해 가게 되면서 고든콘웰은 보스턴 캠퍼스 학장 임용 공고를 내게 되었고, 나는 여기에 지원하여 캠퍼스 학장으로 재임용되었다. 그렇게 고든콘웰 보스턴 캠퍼스 학장으로, 2016년 봄 학기부터 2020년 6월까지 재직하였다.

당시 홀린저 총장은 외부 회의에 가서 종종 내 이야기를 했다고 한다. 미국에서 히브리어를 스페인어로 가르칠 수 있는 한국인 교수가 고든콘웰에 있다고 말이다. 본인인 내가 들어도 흔하지 않은 일이기는 하다. 하나님께서 하신 일이다.

또 한 가지 흥미로운 사실은 내 강의에 포르투갈어권 학생들이 들어오기 시작했는데, 내가 파라과이에 살 때는 전혀 귀에 들어오지 않던 포르투갈어가 이 무렵부터 들리기 시작했다. 이 또한 신기한 경험이었다. 스페인어, 포르투갈어, 이태리어, 프랑스어, 루마니아어가 모두 같은 로망스 언어군이어서 글자를 보면 언어 간의 유사성이 비교적 쉽게 눈에 들어온다. 하지만 각 언어들의 발음 체계가 많이 달라서 서로 듣고 이해하기는 쉽지가 않다. 그래서 나는 포르투갈어로 말하고 듣기가 쉽지 않다고 늘 생각해 왔는데, 강의를 시작하고 보니 나의 포르투갈어 실력이 나도 모르는 사이 놀랍게도 향상되어 있었다. 나는 스페인어로 말하고 학생들은 포르투갈어로 말하며, 통역 없이 충분히 의사소통이 되기 시작했다.

이것을 계기로 스페인어권과 포르투갈어권 교회들로부터 많은 설교 및 강연 요청이 들어오기 시작했다. 포르투갈어권 교회에서 설교나 강연을 할 때도 마찬가지로 나는 스페인어로 강의했다. 한 번은 포르투갈어권 교회에서 강연할 때 설문조사를 한 적이 있는데, 교인들이 내가 스페인어로 강의하는 내용을 95퍼센트 이상 이해한다는 결과가 나오기도 했다.

＿ 상처의 굴레에서의 자유

이렇게 영어권, 스페인어권, 그리고 포르투갈어권 신학생들을 가르치고 또 그들의 교회에서 설교와 강연을 하게 되면서 나는 지난 시간 하나님께서 나를 어떻게 다듬으셨는지 생각해 보

한 달란트

았다. 하나님은 내 파라과이에서의 아팠던 기억을 치유해 주셨다. 나는 파라과이를 떠나 이스라엘로 갈 때 긍정적인 기억보다는 부정적인 기억을 더 많이 안고 떠났다. 어린 시절 우리 가정이 처했던 경제적 어려움이 낳은 기억일 것이다. 그밖에도 거리를 걸을 때마다 들려왔던 '꼬레아', '찌노' 같은 차별의 소리들이 감수성이 예민했던 사춘기 소년의 뇌리에 박혀 씻기지 않았다.

지금에야 이민자의 삶이 쉽지 않은 이유 가운데 하나를 소수문화 그룹 구성원들(이민자)과 다수문화 그룹 구성원들(현지인)이 서로에게 적용하는 수용의 기준이 다르기 때문이라고 생각할 수 있다. 이민자의 경우 주로 현지인의 태도, 생활양식, 가치관을 얼마나 수용할지를 살피는 반면 현지인은 이민자 자체를 어디까지 수용할지를 일단 본다고 여겨진다. 이에 따라 발생하는 다양한 경험들은 서로에게 얼마는 긍정적이고 또 얼마는 부정적이며, 때로는 치명적인 기억을 안겨 주게 된다.

어쨌든 나는 상처로 가득한 채 이스라엘 땅을 밟았다. 이스라엘에서의 시간은 나에게 파라과이에서의 기억들로부터 자유로워지게끔 여백을 만들어 주었다. 특히 예루살렘 시내의 한 은행 직원으로부터 받은 위로가 크다. 아르헨티나 출신의 유대인인 그는 처음 히브리어도 모른 채 낯선 땅에서 생활하는 나에게 스페인어로 은행 업무뿐 아니라 이스라엘 생활의 이모저모를 늘 살펴 주고 위로해 주었다. 그는 마치 우리가 같은 남미 출신의 동향 사람인 것처럼 대해 주었다. 게다가 이스라엘 사람들은 동양인들에 대해 상대적으로 좋은 감정을 가지고 있었다. 유대인들이 서구 사회에서는 많은 박해를 받아 왔던 반면, 동양 문화권과의 관계는 비교적 평탄했기 때문이다. 이런 여러 가지 여건이 내가 이스라엘에서 지내는 동안 남미에서 받았던 모든 상처로부터 자유할 수 있게 해 주었다. 하나님께서 나를 그렇게 선대하여 주셨다.

그러다 미국에 와서 보니, 힘들게 이민생활을 하는 남미 사람들을 접하면서 나는 몹시 마음이 아팠다. 한때는 내가 그들의 나라에서 이민자로 살았는데, 이제 와 내 옆에서 나보다 어려운 이민자로 살아가는 그들을 보자니 말할 수 없이 측은했다. 그래서 스페인어 및 포르투갈어권 사역이 시작되었을 때 나는 전심을 다해 그들을 섬겼다.

만약 내게 이스라엘에서 경험한 상처의 치유가 없었다면 나는 이 라티노 사역을 하며 결코 마음을 다해 그들을 섬길 수 없었을 것이다. 오해와 편견, 상처의 굴레에서 자유를 얻는 경험과 과정은 더디고 고통스러웠다. 그러나 그 과정 없이는 다음 걸음을 뗄 수 없다. 그렇게 하나님은 새로이 발걸음을 떼게 하시면서 내게 다양한 언어와 문화권 출신의 학생들을 맡겨 주셨다.

1976년에 문을 연 고든콘웰 보스턴 캠퍼스는 미국 내에서 도시 사역에 큰 획을 그은 곳이다. 소위 '예레미야 패러다임'으로 알려진 예레미야 29장 7절 "그 성읍의 평안을 구하고"(Seek the peace of the city)라는 구절에 근거한 도시 사역 모델이 고든콘웰 보스턴 캠퍼스에서 시작되었다. 이곳은 북미 다른 어디에서도 볼 수 없는 다양한 학생, 스태프, 교수 구성원들이 함께 어우러져 이뤄가는 캠퍼스다. 400여 명에 달하는 신학대학원생은 수많은 언어, 문화, 교단을 아우른다. 학생들은 93퍼센트가 보스턴 대도시권 안에서 사역하는 이들로서, 보스턴 현지 교회를 책임지는 사역자들이라는 큰 책임을 갖고 있다.

그래서 고든콘웰 보스턴 캠퍼스는 보스턴 지역 교회들과 밀접한 유대 관계를 갖지 않을 수 없다. 어쩔 수 없이 누가 고든콘웰 보스턴 캠퍼스의 학장이 되느냐가 지역 교회들 사이에선 관건이 아닐 수 없다. 그리고 때로는 그룹간의 알력으로 이어지기도 한다. 그래서 내가 학장으로 임용된 후 가장 많은 공을 들인 부분은 피부색, 문화, 언어가 서로 다른 지역 교회, 목회자들 간의 화해와 화합이었다. 그 화합이 이뤄졌을 때 하나님은 재정적으로도 캠퍼스를 축복하시어 설립 이후 처음으로 흑자로 돌아서게 하셨다.

마음을 다해 모은 1달러짜리 지폐

고든콘웰 보스턴 캠퍼스에서 근무하면서 많은 남미 교회로부터 설교 요청이 들어왔다. 학생들로부터 오는 요청은 되도록이면 시간을 내어서 참석하여 말씀을 전했다. 내가 말씀을 전하러 가긴 했지만 하나님은 남미 교회에 방문할 때마다 그곳에서 배울 가르침을 주셨다.

첼시의 한 남미 교회는 남미인들이 모이는 교회로, 내가 가르치던 학생 중 한 명이 목회자로 섬기고 있었다. 제법 큰 자체 교회 건물도 있고, 교인들도 수백 명이 모이는 큰 교회였다. 지역 교회의 특성상 자체 건물을 소유하기는 그리 쉬운 일이 아니라는 것을 알기에 나의 세속적 생각에 생활이 안정된 교인들이 많이 모이는 교회인가 하고 생각했다.

나는 주중에 드리는 부흥회 형식의 저녁 8시 예배에 초청받았다. 주중의 저녁 시간이었지만 교회 본당이 거의 찰 정도로 많은 성도가 모여 있었다. 뜨거운 찬양과 하나님을 향한 그들의 열정이 그대로 전달되었고, 하나님이 받으시는 신령한 예배임이 느껴졌다. 내가 말씀을 전하고 나니 그들은 성경에 대해서 더 알고 싶다고, 다음 기회에는 성경 지리를 강의해 달라고 요청해 왔다. 그러마고 다음 방문을 약속했다.

예배를 마치고 교인들과 교제할 수 있는 시간이 마련되었다. 담임목사님의 스승이 왔다고 교인들은 내게 과분하게도 극진한 대접을 해 주었다. 교인들은 나와 교제하며 그들의 직업이 무엇이며 어떤 일을 하는지 알려 주었다. 부유한 교인들이 많아서 교회 자체 예배당을 마련했을 것이라는 나의 상상은 보기 좋게 빗나갔다. 교인들은 대부분 청소, 가정부, 아이 돌봄이, 경비, 식당 종업원 등 일용직에 종사하며, 최저 임금을 받으며 생활한다고 하였다.

그러면서 담임목사가 말하기를, 예배당을 마련한 것은 실로 하나님의 기적이었다고 했다. 교인들이 자신의 모든 것을 바쳐 하나님을 섬기고자 헌금을 작정하였고, 이를 높이 산 한 미국 교회가 극히 적은 금액에 건물을 양도해 주었다고 했다. 그들은 10의 1조가 훨씬 넘는 10의 9조를 헌신하며 하나님을 섬기고 있었다. 도리어 그들은 나에게 신실한 신앙생활을 가르쳐 주었다. 네 몸과 마음을 다하여 하나님을 섬기라고 말이다.

그렇게 은혜로운 예배와 신실한 교인들과 교제를 마치고 헤어질 시간이 되자 그 교회의 장로님이 봉투 하나를 주었다. 거절하며 받지 않는 나에게 꼭 받으라고 부탁하며, 오늘 교인들이 드린 헌금이라고 했다. 집으로 돌아와 아내와 함께 봉투를 열어 본 우리는 눈물을 흘리며 첼시 교회 교인들을 위해 기도하지 않을 수 없었다. 봉투 안에는 여러 장의 1달러짜리 지폐가 모여 있었다. 그들은 그날 하루 동안 받은 임금을, 또 어떤 이는 손님에게

서 받은 팁을 하나님께 모두 헌금하였다. 진정한 마음이 담긴 귀한 헌금임이 느껴졌다.

'나는 과연 그렇게 하나님을 섬기고 있는가', '나의 모든 것을 드려 하나님의 교회를 섬기고 있는가' 생각해 보았다. 과분한 그들의 사랑과 가르침이 결국은 하나님께서 나를 가르치시기 위한 계획하심이었다는 사실 또한 실로 신묘막측하였다. 다시 한번 그들을 통한 하나님의 사랑에 감사하고, 그들의 신실한 믿음에 고개를 숙인다.

하나님의 일에 동참시켜 주심에 감사

2017년 가을 학기 구약 개론 수업에 매사추세츠주 서부에서 교회를 담임하고 있었던 엘살바도르 출신의 목회자 부부가 있었다. 강의의 한 부분도 놓치지 않으려고 필사적으로 노트 필기를 하며 수업에 임하는 그 부부를 볼 때마다 나도 절로 힘이 나서 신나게 강의를 진행하곤 했다.

하루는 강의가 끝나고 그 목회자 부부가 나를 찾아왔다. 지금 담임하고 있는 교회에서 2018년 리더십 훈련 컨퍼런스를 계획 중인데, 그때 강의를 맡아 달라는 부탁이었다. 다른 수강생들과 교제할 때도 항상 솔선수범하고 겸손함과 신실함이 몸에 배어 있는 두 사람이었기에 나는 흔쾌히 그들의 부탁을 수락하였다. 그 강의를 준비하면서 나는 하나님께서 함께해 주실 것을 기도로 준비하며, 또 한편으론 들뜬 마음으로 리더십 훈련 강의 날을 기다렸다.

드디어 2018년 봄, 리더십 컨퍼런스가 열렸다. 교회에 도착한 나는 그 규모에 적잖이 놀라고 말았다. 목회자 부부가 목회하는 교회는 세 곳에 지교회가 있고, 이 세 곳을 합치면 성도 수만 2,000여 명 정도라고 했다. 내가 강의하는 그날도 모인 교회 리더십만 500여 명이었다. 목회자 부부는 한국 오산리기도원에서 은혜를 받아 목회를 시작했고, 한국식 통성기도를 주 무기로 사역하고 있다고 했다. 기도할 때는 생명을 내놓을 정도로 열심히 기도하며 목회를 하고 있다고 했다. 처음 방문하는 나도 그 훈훈한 열기가 느껴질 만큼 교회는 예수님의 열정과 성령의 향기로 가득 차 있었다.

토요일 오후 전체를 내가 맡았고, 주제는 부흥에 관한 것이었다. 나는 한국의 '평양 부흥' 등을 비롯하여 하나님께서 일으키신 여러 부흥의 은혜를 함께 나누었다. 말씀이 끝난 후에는 함께 소리 내어 기도하고, 주님을 높이는 찬송을 했다. 진정 뜨거운 예배를 몸소 체험할 수 있는 은혜의 시간들이었다.

하나님의 은혜 가운데 리더십 강의가 끝나고, 교인들과 교제하며 또 한번 그들의 믿음생활과 교회에 대한 성도의 자세에 머리가 숙여졌다. 교회가 그들 생활의 전부임이 느껴졌고, 목회자 부부의 말씀에 대한 열망과 성도들에게 말씀을 가르치고자 하는 그들의 열정이 실로 놀라울 정도였다. 부흥에 대한 그들의 열망은 강의하는 나에게도 전해져 그 교회를 위한 기도를 쉴 수 없게 만들었다. 힘든 이민 생활에 지친 남미 이민자들에게 교회는 그들의 삶의 중심이었다. 예수님은 그들에게 길이요 생명이요 삶의 위로요 터전이었다.

내가 참여했던 부흥에 관한 리더십 훈련을 마치고 1년이 지났다. 소식에 의하면 그 교회에서 열린 2019년 부활절 부흥회에 3일 동안 1,011명의 성도가 예수를 영접하는 놀라운 기적이 이루어졌다고 한다. 그 소식을 듣고, 내가 살고 있는 뉴잉글랜드 지역에 추수의 때가 임했다고 많은 목회자들이 목소리를 높였다. 그 움직임에 하나님께서 나를 동참시켜 주심에 너무도 감사했다. 하나님께서는 나에게 스페인어를 미리 익히게 하셔서 이곳에서 남미 사람들과 소통하고 교제하게 하셨다. 하나님의 기적의 현장에 증인이 되게 하심에 한없는 영광을 올려 드린다.

한 달란트

예수님은 힘든 이민 생활에 지친 남미 이민자들에게

길이요 생명이요 삶의 위로요 터전이었다.

서로 달라야만 가능한 프로젝트 '하모니'

2020년 봄학기 개강 예배가 있던 날, 아내는 신학생들에게 정성
스레 준비한 캔버스를 보여 주며 그 위에 색을 담은 캡슐을 하나씩
붙이게 했다. 학생들은 색을 고르고 위치를 정해 풀을 발라 캔버스
에 캡슐을 붙였다. 그러면서 학생들이 해준 말들이 기억에 남는다.

"이 색이 나예요."

"여기 캡슐에 두 가지 색이 섞여 있는 것처럼 내 피부색도 두 가
지 색이예요."

"나는 홀로 있는 캡슐 옆으로 가겠어요. 가서 이웃이 되어 주겠
어요."

학생들의 각자 취향과 성향이 달랐기에 세상 어디에도 없는 기막
히게 아름다운 작품이 만들어졌다. 나는 그 작품을 '하모니'라 이름

지었다.

하나님께서는 우리를 각자 다르게 만드셨지만 결국은 주 안에서 하나가 되는 사명과 함께 은혜를 주셨다.

> 주의 성령이 내게 임하셨으니… 포로 된 자에게 자유를, 눈 먼
> 자에게 다시 보게 함을… 눅 4:18

내가 지금 하고 있는 신학대학원에서 가르치는 일, 남미인 사역, 그리고 노숙인 사역들이 이 말씀과 함께 작은 자로부터 시작되었다. 하지만 이 모든 것은 포로 된 내가, 눈 먼 내가 감당할 수 있는 것이 아니었다. 그것을 알게 하신 것이 하나님의 은혜다. 또 하나님은 내게 과거 그분 안에서 내려놓았던 꿈을 곱절로 돌려주셨다. 학생으로 왔어야 했던 곳에 교수로 오게 하신 것이다. 나는 안다. 이모든 일은 내 힘으로 된 것이 아니라는 사실을 말이다. 신실하신 하나님이 나를 선대하신 것이다.

작은 자와 함께하시는 하나님께서 작은 자 중에서도 가장 작은 나를 쓰셔서 그리스도의 풍성함을 이방인에게 전하게 하셨다. 하나님의 일하심이 실로 놀랍다. 우리를 향한 그분의 선대하심에 많은 믿음의 지체들이 반응하기를 바라며, 마지막으로 고백한다.

"하나님! 당신은 크십니다."

그 주인이 이르되 잘하였도다 착하고 충성된 종아
네가 적은 일에 충성하였으매 내가 많은 것을 네게
맡기리니 네 주인의 즐거움에 참여할지어다 하고
_마 25:23

감사 노트
counting my blessings

하나님께서 나에게 주신 '한 달란트'가 무엇인지 헤아려 보고
하나님께 평생 감사할 제목들을 기록해 보십시오.

1. _____

2. _____

3. _____

4. _____

5. _____

6. _____

7. _____